一介 主编

读者文摘精华

（原创暖文版）：

如果你害怕，那你就输了

DUZHE WENZHAI JINGHUA
YUANCHUANG NUANWEN BAN
RUGUO NI HAIPA
NA NI JIU SHULE

北京工业大学出版社

图书在版编目（CIP）数据

读者文摘精华：原创暖文版．如果你害怕，那你就输了/一介
主编．—北京：北京工业大学出版社，2016.1
ISBN 978-7-5639-4565-8

Ⅰ．①读… Ⅱ．①—… Ⅲ．①文摘—世界 Ⅳ．①Z89

中国版本图书馆 CIP 数据核字（2015）第 279565 号

读者文摘精华（原创暖文版）：如果你害怕，那你就输了

主　　编：一　介
责任编辑：杜曼丽
封面设计：新纪元工作室
出版发行：北京工业大学出版社
　　　　　（北京市朝阳区平乐园 100 号　邮编：100124）
　　　　　010－67391722（传真）　　bgdcbs@sina.com
出 版 人：郝　勇
经销单位：全国各地新华书店
承印单位：大厂回族自治县正兴印务有限公司
开　　本：880 毫米×1230 毫米　1/32
印　　张：8.5
字　　数：140 千字
版　　次：2016 年 1 月第 1 版
印　　次：2016 年 1 月第 1 次印刷
标准书号：ISBN 978-7-5639-4565-8
定　　价：28.00 元

序

世界虽大，本质并不复杂。人海茫茫，却还是遇见你，共走一程锦绣年华；道路艰险，却还是凭借信念，牵手成功；情海苍苍，却还是守得岁月静好，一树花开。

人生并无一劳永逸的捷径，只能在痛苦与幸福、失败与成功、害怕与无畏、绝境与光明、放弃与坚守之间反反复复巡回往返。

心灵鸡汤喝得多，不过养胖了欲念，那声"我知道太多道理，仍然过不好这一生"仍在耳边响彻云霄。每个人的成长过程都离不开导师，与其苦苦寻找导师、依靠导师，不如自觉做好自我，导师也许有缘自来。"生命教练"是一种华丽口号，喊出响当当的市场需求与前景，却无法亦无人替你面对自我。

穿透迷雾看清世界，看透种种现实，用心感悟人生，了解、理解并宽容人，懂得与珍惜情感，静候生命之花，慢慢绽放……这都需要有一颗无畏的心，在看似漫长实则短暂的一生中，点点滴滴、方方面面去经历，领悟，传递和分享。

这本书只是这样一个渡口。渡黑暗中害怕的你，渡活在别人影子中的你，渡也许正在畏惧丧失信心的你，渡也许正在哭泣深陷孤独的你，渡每一个到此的有缘人，有情人。

而摆渡人，只能是自己。

一篇篇文章，或以情动人，或以理服人，如一条条小舟，在这本书中起航。随着岁月之橹摇啊摇，摆啊摆，人生之舟也随之远行，穿过一重重险滩、一丛丛荆棘，终抵达彼岸。那时，你寥寥几笔，就能绘出十里春光，万里江山。

那时，在你的人生画卷中，你曼歌起舞，云卷云舒。

尼采有言："每一个不曾起舞的日子，都是对生命的辜负。"尽情尽兴地挥洒吧，无论你在人生的哪个阶段，青春年少也好，阅尽沧桑也罢。在每个晴天和蝴蝶一起翩翩起舞，在每片细雨中，舞态生风，或孤独，或成群。

舞，是脚尖的行走，无畏锥心的疼痛；舞，是身体的舒展，无畏他人的目光；舞，是生命的歌语，灵魂的升华，无畏岁月荏苒、时光无情。

和我们的作者，一起轻歌曼舞吧！如果你不想输给他人和世界，那就别害怕，睁大眼睛，跃过人生的坑坑洼洼、沼泽泥潭，舞出万里无云、蔚蓝动人的天空。

和这本书相伴，相信你的日子，即使面临日落，也有满山的霞光，遥遥向你招手、致意；相信你的人生，即使陷入夜晚，也有一盏盏明灯，指引你前行的方向，给你陪伴，给你春天般的温暖。

这里汇聚的，就是如此的光，或霞光溢彩，或和钻石一样，纯净而真诚，自然而可贵。

打开它，于是你遇见光。有了光，你便不再害怕。守候光，守候一生时光，在光的照耀下，在人生的舞台上，像一只白天鹅，羽衣蹁跹。

目 录

第三章　如果你害怕，那你就输了

第四章　从现在做起，做一个独立的人

第五章　相信我，你不是一个胆小鬼

第九章　你要感谢曾经不放弃的自己

第一章

没有一个人，是你离不开的

我们早晚要学会孤独，去感受孤独中的宁静和自由，去发现孤独中的风光和高地，好避开喧嚣或浮躁，做这孤独世界里的王，因为我们的本质就是孤独。

我们早晚要学会孤独

一河星光

我们早晚要学会孤独，去感受孤独中的宁静和自由，去发现孤独中的风光和高地，好避开喧嚣或浮躁，做这孤独世界里的王，因为我们的本质就是孤独。

我们早晚要学会孤独，向孤独要质量，借孤独变强大，找回真我，升华自我，最终从孤独走向世界，又从世界回归孤独，因为我们的宿命就是孤独。

甫降生，你就哇哇大哭。那时的你当然不知道，你是害怕来到这世界，只因为在这世上有一种感觉，自你离开母亲子宫的那一刻起，就开始缠上你，并将至死方休——它叫孤独。

这孤独，有时是无形的，气息一般，清风一样；有时又是有形的，像一座宫殿，又像一间牢笼。

这孤独，是悲惋的，凄凉的；也是冷峻的，严肃的，像魔鬼的诅咒，又像是上帝的馈赠，它让每个生命都带上一层悲剧意味，也让每个生命都成为一个独特的个体。

这孤独，不会随着年龄的增长而变少，也不会随着才能的提升而降低，恰恰相反，它如影随形，往往在老年还与日俱增；它无孔不入，还常常对强者情有独钟。

这孤独，其实像野草，当你的生命还只是一块刚开垦的土地，它不会显露，但随着时光无情的流逝，它就开始在你的生命之中滋长蔓延，并表现出越来越强大的生命力，让你避无可避，唯有学会应对。

五岁以前，你哪里能看清孤独的身影？它刚走近你，让你一惊，就马上引来陪伴与呵护；它才碰到你，令你一哭，就立即招来关心与帮助。你基本上是处在一个温馨的家庭里，并且作为这个家庭的中心。你即使偶尔飞到外面，那也还在父母撑起的天空里。

五岁以后，你就不能不与孤独不相往来了。

你得上学了。置身一个新的空间，面对的是陌生的小伙伴和老师，没有家人像聚光灯一样一直把你照耀，它就能毫无顾忌地出现在你的身边，动不动打击你一下，时不时嘲弄你一番。直到你在老师的带领下，参加各种活动，结交到不少朋友，逐步融入这个新集体，才暂时得以疏远它。

然而有一天，你放学回家，又发现它等在家中，因为在这个家中，你已不再是母亲和奶奶关注的中心，母亲怀里抱着的是弟弟妹妹，奶奶嘴里哄着的是弟弟妹妹。

你开始忌妒弟弟妹妹，感觉他们把曾经属于你的爱给抢走了。你生气地不写作业不看书，还不帮奶奶扫地喂鸡，但没人体谅你，你不仅没有得到一丝安慰，而且招致母亲的一顿责骂。你于是伤心给母亲看，你既吃不香，也睡不好，还一天比一天憔悴，终于换来奶奶的关心，奶奶问你怎么了，你哭着说："我没有姐姐呗！"

奶奶笑了，母亲也哈哈大笑，还说："这有什么好伤心的！"你再次恼了，为她们的不理解。本来，你以为多个姐姐，就可以稍稍弥补一下你因为弟弟妹妹的出生而损失的母爱。

从那以后，无论对谁，你都不肯轻易说出你的心思，不仅仅是怕他们笑话，更担心他们的不理解加重你的绝望。

后来，你喜欢去姑姑家，就因为姑姑家有两个姐姐，而她们也很喜欢你。只要你一去，她们就带你上街，为你买些你喜欢的小玩意儿；她们还带你到野地里，折柳条摘野花，编成花环戴在头上，把各自变成花仙子；她们也带你到小河边，寻找彩色的鹅卵石，还用网兜捉起几条小鱼，回家逗逗小猫。

当你吃过午饭准备回家时，她们一个拉着你的手，一个关起门，之后又找出许多好看的书来，因为她们知道你喜欢看书，甚至还去别人那里借象棋，也因你喜欢下棋。
她们列出她们能想到的所有优惠条件，只为留你住一晚。
那时，你面上有无奈，心里美滋滋。尤其是在十岁以前，
虽然你是个男孩子，却也能跟姐姐们挤一个被窝。

可惜人总是要长大的，快乐往往很短暂，孤独要逮
你，也不会和你商量。终于，因为男女有别，你不能跟姐
姐们同床共枕了。渐渐地，姐姐们一个个走向远方，再遇
到节假日，除了同村那几个小伙伴，你到底还能去哪家做
客呢？

只因为长大，你越来越孤单。

十五岁那年，你顶替病逝的父亲在校食堂当工人。置
身一群大人中间，孤独似乎格外明显。你多想有个少年伴
儿啊！于是，那年初春，她来了。她比你大两三岁，来给
她那做老师的嫂嫂带孩子。

很快，你们就成了最亲密的伙伴。平常，她找你帮她
打水，帮她掏火，仿佛知道你除了乐意，还是乐意。一有
时间，她就带着孩子来陪你玩，或说或笑，或一起唱歌、
一起散步。

偶尔，她悄悄走近你，大叫一声吓你，待你惊回首，
她调皮地笑："吓着了吧！"有时，她来问你有脏衣服没有，
你不愿让她这么帮你，早将衣服洗好晒了，她却将它们通

通拿去重洗，回来还取笑你没洗干净。更有甚者，她弄乱你的头发，逗你开心；她拉你的手，求你喊她姐姐……惹得你总想看到她窈窕的身影，听到她银铃般的笑声，一日不见，就若有所失。

有一次，她回家住了两天，你以为她永远也不来了，整天昏昏然，总是想念她。

然而有一天，有人告诉你：她正在和学校的一位同学谈恋爱！你仿佛受了天大的欺骗，其实只是她没有明确告诉你，就深深地恨起她来。没事的时候，你将自己关在房间里，在孤独里自残，任她怎么叫，也不出去和她一起玩。

当她离开学校的那一天，你才发现，你错得厉害——她本来就像个可亲的姐姐，你为什么非要把她当作情人？

可你已经没有机会向她诉说，只能一个人走到雨中，好将泪水尽情释放。

好在那以后，你成熟多了。你进而发现，你理想中的爱人，不是现实生活中的姐姐，而是童话中的小公主。

实际上，早在童年时代，父亲跟你讲那些童话故事时，那小公主就成了你的意中人。而在之后的假想中，你也总是一个俊朗飘逸的小王子，而不是那个患有感情饥渴症的小男孩。

你还算幸运。二十岁的时候，你遇到了你心目中的小公主。

你才不管她有没有成年，只知道她让你看着舒服，想着愉快；你才不管她是不是个学生，只知道她想做的就是大胆去爱。你珍惜所有能接近她的机会，跳舞给她看，唱歌给她听，写诗给她读，画画给她品，不断将美好的一面向她展现。

一度，你真的赢得了她的芳心。好多个夜晚，她趁着夜色，来到你的房间，坐在你的身边，让周围的气息染上浓郁的酒香，让屋子里的灯光也变得分外亮丽。

尽管你因为她而变得无比强大，敢于蔑视所有世俗的目光，甚至不惜与整个世界为敌；她却因为你而招致太多风雨和压力，因不堪重负，她选择离开。年轻的你怎么可能轻易认命？为挽回她的心，更为对抗那难熬的孤独，你一回又一回，做种种徒劳的挣扎。你虐了自己，更伤了她。最终，她反而愈行愈远，让你再也追不上。

从此，她变成傍晚天边的一片云，只余寂寞在山冈，和着风吟伴着你。

从此，她变成夜晚深处的一个梦，只余孤独在枕边，虫子一样蛀着你的青春。

整整五年。近两千个日子。终于，你再次走近她。

你问她："我还有希望吗？"她回答："没有！"再问：

"一点没有？"再答："一点没有！"

一个转身，你把她丢到身后，也把那段孤寂的岁月丢在身后。只用一眼，你就选择另一个女孩，并很快与之结婚，开始全新的人生。

之后，你有了一个女儿，有了一个新的家，有了一份新的工作……你的朋友越来越多，你的生活越来越丰富，你的遗憾却也越来越分明。

原本，你想做一个王子，但现在，你仍是一介凡夫；原本，你爱着童话中的小公主，但现在，肯陪你的只有一个村姑；原本，你一直向往远方，但现在，你依然深陷老井；原本，你追求崇高或伟大，但现在，你慵懒平庸没激情。

而孤独，早已变成月亮，即使白天不会出现，到了夜晚就特别明亮。尤其在那些夜深人静的夜晚，那不能言说的孤独，那没人理解的孤独，那或苍白或灰暗或阴冷或刺骨的孤独……伴着无助，也伴着无奈，那么虐心，那么耀眼。

忽然有一天，像醍醐灌顶，你灵光乍现：

我们早晚要学会孤独，去感受孤独中的宁静和自由，去发现孤独中的风光和高地，好避开喧嚣或浮躁，做这孤独世界里的王，因为我们的本质就是孤独。

我们早晚要学会孤独，向孤独要质量，借孤独变强大，找回真我，升华自我，最终从孤独走向世界，又从世界回归孤独，因为我们的宿命就是孤独。

我们早晚要学会孤独。一天学不会，就一天为孤独所苦；一辈子学不会，就一辈子为孤独所累。

设若我们畏之如虎，只想着逃避，或者远行，或者回家，或者找一片精神天地，但哪里没有孤独的身影呢？反而是越想逃避，越发现无处藏身。

不如像面对大自然一样去直面它，接纳它，让它来做我们的见证，无疑就多了镇定，多了从容，就可以随时随地创造欢乐。

设若我们视之为敌，总想着对抗，人生又哪里还有安宁之日？即使你有亲情可以依赖，有友情可以凭借，有爱情可以支撑，可有哪种感情能够无敌？况且还是和孤独对抗。对抗的结果，往往便是赔了夫人又折兵。

不如像看待死神一样来看待它，就不难和它化敌为友，就可以尽享孤独中的自由和宁静，去交知心的人，去做有意义的事。

于是，你笑了，一如又见你的小公主。

有时，学会放手，比紧握更重要

安如沫

爱情与生活就像你抓在手里的沙，你想要紧紧抓住，却发现原来抓得越紧它越会溢出来。相反地，只是将它捧在手心，反而在你手上久久未曾离去。有时学会放手，比紧握更重要。

爱是欣赏，不是占有

爱是欣赏，不是占有，有些人爱一个人就会做出很是偏激的事。谈恋爱时，每天守在一起，结婚后，去哪儿都得向他汇报，和哥儿几个打打小牌娱乐娱乐，还得看看老婆的脸色，其实这是错误的做法。

打个比方吧，就像爱花，就让花儿自在开放，不是一定要摘下花儿，插在自家的花瓶里，原本可以在大自然中尽情绽放，却无奈只能独自在家中凋谢；再比如爱蝴蝶，就该让它在花丛中自由飞舞，而不是一定要把蝴蝶抓住，养在自家的笼子中。爱是善待，不是囚禁。

当然话不是靠说的，是靠每个人的理解和共鸣，世界上的风景各不相同，各有各的美。世界上的人，也各有各的性格与气质，但因为有了爱这个因素，让我们很难把握这个尺度。

爱一个人，就给他自由；爱一个人，就给她飞翔的天空。我们爱的是天空中翱翔的雄鹰，草原上奔驰的骏马，江河湖海里悠然的鱼儿，而不是笼中鸟，篓中鱼。很多人只知道紧拥，而不知放飞，让心爱的人陷入困境。

久而久之，两个人在爱里纠缠，在爱里纠结，在爱里生恨，慢慢地让人窒息。有些过于偏激的，连和异性朋友说话都会发生不愉快，准确地说，这已经是剥夺了人的自由。

人世间的情爱很重要，因为有了各种情爱与生活琐事，所以多了许多烦恼。我们要学会把小爱变成大爱，把占有变成尊重，把咆哮变成理解，这样人世间就会变得更美好，每对夫妻也会变得更和谐恩爱。

爱，不是束缚，而是放手

如今社会，大多数家庭都是独生子女，所谓望子成龙，望女成凤，这应该是每个家长的梦想，然而事实并不是如每个人所愿的那么美好。有些孩子很听话，听从家长为他所做的一切安排，然而有的孩子却有自己的梦想，想要去做自己想做的事，闯一片天空，父母就会极力反对，认为孩子没有足够的能力和阅历去闯荡。

这个观点是错误的，至少我是这么认为的。

人不是一出生就什么都会，父母总会有老去的一天，孩子不可能在父母的羽翼下生活一辈子，他们总有独当一面的一天，让他们早早经历一些事，他们会懂得更多。

人这一生本来就是一场充满挑战的旅程，有阳光灿然，也有风霜雨露，每个人，都有选择自己路程的权利，只有吃过一些苦，受过一些伤，感受世间冷暖，才能更加体会人生，在岁月的磨砺中学会坚强与抉择。

虽然在历练的过程中，会遇到种种困难，但他们能在一次次的摸爬滚打中，克服困难，活出明天的精彩。

只有他们亲身经历风雨，才能感受父母的不易，更加珍惜现在所拥有的一切，也能在历经酸楚凄凉后，用宽阔的胸怀容纳世间的风霜雨露。他们不会再抱怨老天的各种不公平，而更加踏踏实实做人；不会再好高骛远，而会更加懂得有付出才会有收获，天下没有免费的午餐。

父母的爱绝对是无私的，但完全束缚的爱却是不对的，那样对孩子没有什么帮助，只会让他们产生一种"没关系，出事我父母扛着"的不良心理。所以，对孩子不能太紧，有时放手真的比紧握更重要。

换一个角度去思考，一切都会不同

路在自己脚下，每个人的人生之路都不同，不管我们现在走在哪一条路上，都希望我们能在下一个路口能有更好的人生，更好的物质生活。但我们在追求这些的同时，一定不能太过执着，有些人过于偏激，最后是一无所有。人生短短数十年，一定珍惜这所有的岁月，感受每一次的呼吸，让人生少些遗憾，少些奢求，同岁月静好。

说没有金钱你就特别幸福，那是不现实的；说有了金钱你就一定幸福，那也未必全是真的。

人生短短数十载，在有生的日子里，又何苦难为了自己，是我的我会珍惜，不是我的我决不会去强求。

老天为我们关上一扇门，就一定会为我们打开另一扇窗。人生，期望越大，失望就越大。有的人太在意成败，成功了他当然高兴，可失败了，他便一蹶不振。其实，有些事，轻轻放下，未必不是轻松。

人这一生只能活一次，记住千万别活得太累！我很喜欢桐华在《步步惊心》中说的一句话："行到水穷处，坐看云起时。"

能抓住的我们当仁不让，不能抓住的，有时学会放手，也未尝不是件好事。俗话说得好：忍一时风平浪静，退一步海阔天空。失去的并不一定是最好的，相反，说不定会有更好的回报等着你。

所以，以后在遇到事的时候，换一个角度去想，结果会是不一样的。

错过一个人那只是因为还有另一个更好的在等你；错过一个投资方案，那是因为有更好的投资商在等着你。做自己能力所及之事，切莫强求，有时候学会放弃，未必不是好事。

爱情与生活就像你抓在手里的沙，你想要紧紧抓住，却发现原来抓得越紧它越会溢出来。相反地，只是将它捧在手心，反而在你手上久久未曾离去。有时学会放手，比紧握更重要。

他人的指责，你也可以不接受

那澜

我们做任何人都不难，唯独要做自己不容易。有多少时候，我们瞻前顾后、举棋不定，不敢去做自己，为了别人的意见、看法，反复地去为难自己。这个世界施加在我们身上的枷锁太多了，可是我们谁都不能活一百万次。我们忍着疼磨平自己的棱角，却发现根本找不到最初的那个自己。然后，还没有遇见自己，就死了。多么可惜！

前几日与好友阿硕聊天，说起她家小女，不过才六七岁年纪，竟学会说：虽然我是你生的，但这人生是我的！

阿硕满心忧虑，言谈间忧心忡忡：才这么一点年纪，懂的什么人生啊，就学会这样不听话！

我倒是兴高采烈，简直要额手称庆，多么好！这是她自我意识的觉醒。

"不是你的娃儿，你自然不操心，站着说话不腰疼呀。"阿硕毫不客气，一句话甩我脸上。

我笨嘴拙舌，自是与她讲不清楚，便干脆推荐她去读《活了一百万次的猫》。

那是佐野洋子的一个绘本，讲一只漂亮的虎斑猫。

"有一只活了一百万次的猫，它死过一百万次，也活过一百万次……有一百万个人疼爱过这只猫，也有一百万个人在这只猫死的时候，为它哭泣。但是，这只猫却从没掉过一滴眼泪。"

阿硕三两下翻完，又是摇头又是感叹，书册一扔，大呼没意思看不懂，说你不是当妈的你根本不懂……

我就觉得好笑。干脆陪她翻书，沉浸在简短的故事中，以一盏清润的荷叶茶送服一本日式风格的幼儿绘本，竟也维和。

它是一只活一百万次的猫。可以是国王的，可以是水手的，可以是魔术师的，可以是小偷的，可以是老奶奶的，可以是小女孩的，死了活了，却没有一丝伤心，一分伤痛，因为只是他人的，所以死了就死了，活了就活了，本就是无所谓的了。直到最后一次，它成为一只纯粹的野猫，跟任何人都没有关系。它活它自己，爱它自己，它是真真切切地爱着自己的一切，包括它遇见的那只白猫。最后白猫死去了，这只活了一百万次都没有掉一滴眼泪的猫哭了，哭了一百万次，然后这只猫死了。

再也没有来生了。

"你懂了吗？"

阿硕摇头，我也摇头，恨不能一棒子敲在她头上，斥其"朽木不可雕也"，便又笑闹成一团。

她真不懂还是假不懂，其实我没有闹清楚。至她走了，我独自清理茶台。原本清亮的茶色随着水温的下降变得暗淡，就连杯底的鱼戏莲花都变得不那么鲜明，些微茶渍凝结在青釉小盏的边缘。只有黑檀茶盘的一侧，绿油油的铜钱草仍旧生得好。

禁不住拨弄手机，抬手发送短信给她。短短数字，写了删、删了写，到底是点了发送。我说，"亲爱的，人这一生，总有一些东西值得你去坚持。他人的指责，你也可以不接受。你得知道，抛却浮华，你归根结底是你自己。"

挚友未曾回复，但我知这言语之间深意，她应该明了。

并不怪我多心多嘴，只因她正经历一场并不舒心的离婚大战。

彼时网络上正因某演艺明星的出轨事件闹得沸沸扬扬，女方一句"恋爱虽易，婚姻不易，且行且珍惜"，红遍大江南北，将女人的胸襟和气度表现得淋漓尽致。

然而，当事情真的落在自己头上的时候，却真的不是抱着手机刷刷微博、发发感慨那么简单的。

狗血又怎样，这狗血一天不淋在自己头上一天不知道疼。撞破丈夫诡计的时候她大脑一片空白，空得完全不知道疼，也不晓得哭闹，只想着寻一个无人的地处将自己藏起来作罢。她不是未成年的幼兽，却不得不将自己放在黑暗角落里悄悄舔舐伤口，以希唾液那一点微不足道的杀菌消炎功效可以发挥作用。然而可以吗？不可以。

她熬不住。那疼痛是活生生的，会狰狞地跟她闹，让她睡不着，醒不了，想不开，放不下。

男人也痛哭流涕，请求原谅，保证一刀两断、下不为例，定以妻儿为重心，努力工作积极向上，为家庭为事业誓将横眉冷对大诱惑、俯首甘为孺子牛。

但是她听不进去。当她提出要离婚的时候，就连那个大错在先的男人都笑了。

他说，你别傻了，离开我，你怎么养活自己？

她居家七年有余。自怀孕严重妊娠反应，怀胎十月，卧床足有九月，及至生产，痛了一天一夜，又遭逢难产，没逃过剖腹产那一刀，还赶上了大出血，简直就是鬼门关里走了一遭。可小女孱弱，自出生开始病灾不断，硬生生逼着她一个名牌大学的高才生去求神拜佛找姑娘烧替身……一面哭笑不得，一面深信不疑。

有什么办法？

就这么蹉跎了七年，洗却铅华，素手为羹汤，脱下华裳，一心为家庭。一直到那男人给了她当头一棒。

可是对于她离婚的打算，每个人都在说不。在意她的当面痛哭流涕，那是心疼；不在意她的背后指手画脚，那是笑话。多少人打着出主意的幌子肆意指责，告诉她怎样才能留住男人心，告诉她不般配的婚姻就只能多忍耐。可谁知道她当年也是校花一朵傲视群雄？

甚至就连她父母也在反对，母亲说，不看僧面看佛面，你好歹为了孩子。又说，家丑不外扬，你若真离，就不必再回这个家了，也不必认我这个妈！说着就又痛哭，又是委屈又是心疼又是无奈，又忍不住咒骂那不靠谱的女婿挨千刀，可拼到底还是那句话：不能离！

我是从不曾与她谈过这个话题的。虽是挚友，却也一直谨守她不说我不问的分寸，想着留最后一寸芳草地给她，不必被人逼迫得无处遁形。

一面了然于心，一面粉饰太平，未尝不是我给她的温柔。

倒是她忍不住，深夜里致电与我。声音干涩气息安稳，我却能嗅到空气中湿润的眼泪的味道。

我问她，你怎么想的？

她说，他们说……

我说，你怎么想的？

她说，孩子说……

我说，你怎么想的？

她说，我妈说……

我说，打住，亲爱的你打住。我问的是你怎么想。

于是就想起青春期叛逆，曾因一个话题与父母吵得天翻地覆。父母说，人活在社会上，其实就是活在别人的眼光里的，别人眼里的，才是你的形象。百分之九十九的努力，也有可能毁于百分之一的人言可畏。

不是这话没道理，只是彼时年幼，就爱较真：我为什么要活在别人的眼光里？菩提本无树，明镜亦非台。本来无一物，何处染尘埃？真我本我镜像里的假我到底哪个才重要？

我说："阿硕，我一直坚定地认为，我首先是我自己，然后才是父母的女儿，孩子的母亲，某人的妻子，某单位职工或者其他的什么身份。在我做好我自己之前，其他的那些身份，我一样都不能胜任。"

"那是自私。"

我沉默。

"我不能为了我自己让父母难过。"

我仍旧沉默。

"我也不能为了我自己毁了孩子的一生。"

我照例沉默。

最后，我说，"其实你已经有了答案，又何苦意难平？"

她不言，默默挂断电话，仍旧去冷静生活。转眼一载，除了脸上增加皱纹，竟没有多余的收获，更可惜，那皱纹没一条是"笑纹"。

她将那本《活了一百万次的猫》拿回家，看了又看。

然后她问我，到底该怎么做？

我说，你把所有的外因都扔开，先问你自己。然后选定了，就走下去。若不安于现状，就奋力改进，若害怕改变，就千万别抱怨。

她抱着电话掉眼泪，然后啜泣，然后痛哭。她说，我还不如一个小孩子。娃儿六岁，尚且知道人生是自己的。

我不说话，只想微笑着给她温暖拥抱。只可惜，我不是清风明月，并不能于暗夜里给她过分陪伴。

她到底是离婚了，带着女儿独自过活。

自然，母亲也不能真把她扫地出门，仍旧是千般宝贝万般心疼。

日子也曾艰难。而立之年，家庭事业全部归零，一切从头再来。可她到底站起来了，多年素黑的头发烫一个大波浪，做美容、贴面膜、化淡妆，穿得体的职业套装，从最简单的公司职员做起，接电话、送茶水、打字复印，但好在，她说：我开始是我自己了。

是啊，终于是我自己了。

那一刻，我那盏里的茶都异常鲜美。

我们做任何人都不难，唯独要做自己不容易。有多少时候，我们瞻前顾后、举棋不定，不敢去做自己，为了别人的意见、看法，反复地去为难自己。这个世界施加在我们身上的枷锁太多了，可是我们谁都不能活一百万次。我们忍着疼磨平自己的棱角，却发现根本找不到最初的那个自己。然后，还没有遇见自己，就死了。多么可惜！

可事实上，他人的指责，你可以不接受。因为，你首先是你自己。你若花开，蝴蝶自来。与其去苦苦追寻逃跑的骏马，不如开山辟地，养一方水美草肥。

不要让错误的决定，误了你前行的道路

嫣然鱼儿

不是所有的路途都一帆风顺，人生路远，每一个决定都会影响我们的行程。

前行的路上，有风雨泥泞，也有挫折困难。人们常说错误的决定会影响一生，而我要说，只要意识到了错误，不断地修正，也能得到想要的结果。茫茫人生，我们乘坐着人生的轮渡，每一个人都是自己的船长，朝着理想之地，在经历狂风骤雨时，不要让错误的决定误了你前行的道路。

常听父辈们苦口婆心地提醒晚辈："做决定时要慎重啊！因为人生最关键的其实只有那重要的几步。如果选择错了，很有可能一失足成千古恨啊！"转眼间，我的人生已经过去三分之一，这么些年以来，回忆自己走过的路，常常有种恍惚的感觉。因为我就是被错误决定影响了行程的那个人。

回首，那些懵懂的往事又出现在眼前。那是许多年前的一个初冬的早上，天还没亮，我已经背着可怜的东西，逃出了地区中学的大门。中考失利和去地区高中后跟不上学习的压力，以及高中体育老师在上体育课时对我的惩罚等，让我最终做出了这个在现在看来十分错误的决定。在做这个决定前，我没有告诉任何人。我在继续读书和退学之间纠结了很久，权衡了很久，最终我的意志输给了情感，我退学了！

在我读书的那个年代，还没有实行九年义务教育。原本身体不好的母亲在我读初一时过世，养育我们姊妹四个的责任落到父亲一个人肩上。父亲是个外乡人，又不善于伺弄庄稼。

那时候还没有改革开放，农村人除了一年种两季庄稼勉强维持口粮外，根本没有什么来钱路。我们家的状况是一年不如一年，光学费一项，就够父亲头疼的了。每次开学，父亲都东借西借，求爷爷告奶奶般去找亲戚借钱，去跟班主任说尽好话。田间地头的树木还没长成材，就早已被父亲算进学费里去了。

我从小学五年级开始住校，那时候学校规定，一天一斤玉米糁外加一毛钱上交学校食堂。每个周日下午，自己用扁担一头挑着苞谷糁子，一头挑着书和酸菜。我不怕和同学一起吃玉米糊糊，最怕交不起伙食费。两个礼拜回家一次，我要交一块多钱，再加上偶尔要买文具本子，两个礼拜大约需要两块多钱。每个周日下午，我都不好意思向父亲开口要那两块钱伙食费。

祖母勉强养了几只鸡，将鸡蛋攒起来卖钱给我凑伙食费，但那时候一个鸡蛋才几分钱，家里粮食有限，根本也养不起几只鸡。光是交伙食费那两块钱，都叫我们家愁肠百结了。全家人都希望我中考考出去，可以改变命运还可以早点出来赚钱。在中考失利后，我一直感觉到羞愧，很自责，抬不起头来。

那个初冬的早上，我翻山越岭走在回家路上，心情是极为不平静的。倘若中考失利的打击成为我不再读书的借口，那么父亲千辛万苦地送我去读高中，又是为了什么？我一边走，一边将自己的短暂的读书生涯不断地回忆。

读初三时，我们家被村里的恶人欺负，父亲被打成了重伤。中考结束那个暑假，父亲一直在外打官司。等他回家时，距离开学已经过去了一个多月。就这样父亲还是硬把我送到了地区高中，因为错过报名时间，学校已经将我除名，父亲当时和班主任说尽了好话，他们才答应收下了我。

父亲饿着肚子连夜去县城帮我找课本。父亲还给我承诺说，坚持一个学期，他会想办法求人将我转进县城的重点高中。

读高中那段时间，我常常陷入没有考上中专的懊悔中。

后来学校为了在上体育课时能统一服装，让学生必须买一套运动服。一套最差的运动服也要五六十块，看到家里恓惶的模样，我没法鼓起勇气向父亲要钱，几次话到嘴边，都咽回去了。就在几天前一次体育课上，全班因为只有我一个人没穿运动服，被老师指责，被迫站在操场的一角。也就是这件事直接导致了我最终下定决心，卷着铺盖卷回家。

那天我到家时正是吃午饭时间，看到我突然出现在家门口，父亲显然很诧异。目光炯炯地看着我和我提着的行李，问道："今天不是星期天，你放假了吗？你，你怎么把铺盖带回来了？"顷刻间，我一路上想好的说辞全没了，低声说："我不想上学了，回家来帮你干活。"父亲像是猛然醒悟过来，大吼一声："你，你这个死女子啊！"站起来，举起了屋角的扁担。

父亲的扁担被邻居拦下了，接着他去找了我的启蒙老师来当说客，没有用；找来能说会道的在乡政府工作的堂舅舅来规劝我，也没有用；拍电报让读大学的姐姐赶回家来，试图让姐姐打开我的心结，还是没有用。我铁定了心不去读书了，父亲长吁短叹了很长时间，终于接受了不能将四个孩子全部变成公家人的事实。

从此，我和父亲一起下地干活，打麻种烤烟，晒得像个黑炭头。闲时到处借别人的书看，常和在外读书的姐姐通信，这也是我了解外面的唯一渠道。但面对空旷的山野，满眼的庄稼，做不完的农活，我感觉自己很快就要苍老了。那时候打工潮已经势不可当，农村里到处都是外出挣钱的消息。姐姐写信来说，如果有机会还是出去打工，开开眼界也好。

一九九三年夏天，在县城工作的舅舅托人捎信，说舅妈的弟弟在西安有一家报刊亭需要工人，我才走出了大山。后来因为报刊亭工资太低，我辗转到了一家工厂的分厂里，从工人做到出纳。然而分厂因为原班人马闹事而被迫撤掉，我又回到总厂做了工人。又因为工资太低，跑到广东投奔了姐姐。

广东人才济济，想找一份好工作没有学历根本不行。我成了流水线上的一名工人，每当汗流浃背地工作，就特别羡慕那些还能上学的同学。看到那些高学历的人，一进厂就拿着高工资坐在空调房里工作时，我对当初错误的决定充满了后悔。是啊，因为当初那个错误的决定，我为此付出了很多的代价。假如当初想办法坚持下来，我的人生就会和现在大不相同。

但无论有多少感叹，不管有多少后悔，我必须为我自己做出的错误决定负责，为自己负责。在姐姐的帮助下，我在一家印刷厂谋得一份做校对排版的工作。我白天上班，晚上去学习会计，准备走捷径进入管理层。后来听说做服装裁剪打版待遇很高，又利用晚上去学习服装裁剪。我想尽了办法，想要摆脱和扭转我是打工妹的处境。然而另外一个表面上看不见的错误决定，再次影响了我。

二十三岁，在我一事无成时，我将自己稀里糊涂地嫁了。很快我陷入家庭琐事里，很快就因为生孩子而辞工。因为请不起保姆，孩子身体又差，我只好自己在家带孩子，这一带就是十年。更让我难过的是，不知不觉地我让自己变成了围着孩子转的家庭主妇，婚姻，随后也亮起了红灯。我想如果我在结婚前，先学一门手艺，学会自强自立，或许我的婚姻也不至于让我感到失望。

2010 年，当我再一次走出家门时，仿佛是一个被琐事释放是犯人，变得胆怯而不自信。因为什么都不会，找工作到处碰壁。为了提升自己，我买来了电脑，找出书籍自学了简单的电脑操作。为了还能继续照顾孩子，无奈中，我应聘到现在这家上班时间不那么严格的公司上班。

我一边忙于家事，一边利用空闲时间，阅读了大量的书籍，并将生活中的一些感悟写出来，竟然得到了许多朋友的喜欢。在许多朋友的鼓励下，最近几年开始了投稿，居然不小心投中了，还参加了几次征文比赛，居然也拿到了靠前的名次。在工作之余，我身兼着几家网站的版主和编辑。让我意想不到的是，今年还得到不少省级刊物的约稿。

如今的我，在做每一件事的时候，都必须经过深思熟虑。然而，也不必为了当初那个错误的决定而太过纠结，只要及时意识到，随时修正，一样也会走上阳光大道的。

人生就是一个不断更正，不断努力的过程。活到老，学到老，不管再经历怎样的挫折和磨难，我都会是那个最努力上进的模样！

第二章

当你长成一棵大树，就不再害怕风雨

在人生的路途中充满了未知，难免会有挫折，但请相信好运也会眷顾。不要为一段残枝拒绝了无边绿意，不要为一朵枯花否定了满园芬芳，前往成功的路上也许坑坑洼洼、四处泥泞，但当你长成一棵大树，你就无须再惧怕风雨。

有些小事，可以忍让

居无竹

生活如此，却不能如此生活。这世上，除了生和死，其他都不是什么大事儿。划分出大事和小事，从这个角度开始，再来谈论所谓的"煎熬"便轻松很多了。

人活一辈子，不过短短几十年的光阴，在日新月异的每一瞬间，都可能遇到新鲜的人，发生新鲜的事。每天，都轮换交替着喜怒哀乐；每天，都在走向衰老，走向未知的明天。

二十出头的小兰，美好得真像朵玉兰，对于她这种初入社会的毕业生而言，一切都满怀着期待和幻想。新公司的面试成功，与同事领导的和谐相处，房东的慈祥，舍友的友好，新的环境，新的面貌，都如洒满光辉的大地，寸草都散发着光芒。

是这样吗？

是。

也不是。

有光的地方就一定会有阴影，在黑暗与光明交替的社会中、在现实中有诸多伪善的面孔。老同事会因为她的小错误，对她加以责备，房东会为她偶尔的晚归絮絮叨叨，舍友会在自己睡觉的时候依然跟男朋友煲电话粥。当新鲜的感觉过去了，或许剩下的便是煎熬。

"煎熬"这个词，用得不太准确，但又恰如其分。且不论煎熬不煎熬，首先，这些是真实存在的，然后才得以建立在本体的基础上讨论"煎熬"与否的问题。

而现在，笔者想说的是，生活如此，却不能如此生活，这世上，除了生与死，其他都不是什么大事儿。

划分出大事和小事，从这个角度开始，再来谈论所谓的"煎熬"便轻松很多了。古人云"世上本无事，庸人自扰之"，仔细梳理一下自己的大脑，看看每天让你烦忧的事真的是值得烦扰的吗？

每个人都是独立的个体，别人的一个眼神，一句带刺的话，又或者并不礼貌的行为，虽出自于"别人"，我们的意识却会做出第一反应的命题，但究其本身又是与命题无关的选择题。面对这种"煎熬"，可以选择"争执""憋屈""忍让"，或者更多。这样，我们先来分析一下这三种选择所带来的影响和结果。

"争执"——何为争执？二人或者多人的争吵，强调个人的权益与自主，这是一种带着情绪的表达，是一种并不理性的抒发方式，并会产生日后双方关系的恶化与僵硬，更有甚者由此引发斗殴、报复等血的教训，这点相信大家并不陌生。新闻上多少血案是由小事引发进而愈演愈烈到不可收拾的局面，又有多少为当时冲动而后悔的人。这种伤人伤己看似孤胆行为，实则是对"勇敢"和"无畏"的侮辱。

从自身来看，根本不会有人因为争执带来由衷的愉悦，即使有那么一瞬间产生口头的快感，也会很快被负面情绪充斥。从长远来看，争执的对象日后如需持续保持利益关系，那么"争执"这件事便显得毫无意义可言，一来不能从根本解决问题，二来对以后双方各项利益都会造成损失。

"憋屈"——这个词相当口语，将一切委屈和不悦深藏于皮囊之内，有敢怒而不敢言的烦闷。像是吞食着苦果，一口一口，只能咽下，无法消化。无可奈何的选择，无法调节的状态。这种"不悦感"会成为身体的主导，你可能需要花半天、一天或者好几天的时间去消化这种"不悦感"。

我们来打个比方，一天二十四个小时，减去八个小时睡眠时间，还剩十六个小时，这十六个小时，又有八个小时在消化"不悦感"，等到太阳落山的时候，一天就这样没了。这样算起来，这个选择带来的结果和耗费在"不悦感"

上的时间与总体时间的比例关系，着实令人悲哀。

　　"忍让"——谈到"忍让"，还需先拆开来说说"忍"和"让"。"忍"是智者遇事时留给自己思考的态度，它的反义词是"冲动"，一切欠缺思考的行为都可定义为"冲动"。"忍"字的上面是刀刃，下面是鲜活的心，如何让自己的心游刃有余地游走于刀刃，就是"忍"字的意义。当你开始思考这个问题的时候，便又远离了"冲动"一步。"让"指的是"谦让""礼让"，是一个人修养的体现。小时候我们读过"孔融让梨"，孔融用自己谦让的行为，得到了大家的赞美和认可，自我精神也得到了升华。类似这种简单的故事，虽是写给孩童看的，讲给小孩儿听的，但当我们长大成人，再回头反思，这些微小真挚的故事无一不是真知。

　　正所谓"伸手不打笑脸人"，由衷的谦让与微笑是化解矛盾的一剂良药，也更能拉近人与人之间的距离，多一个朋友就少一个敌人，衍生"共赢"的效果。"忍""让"合在一起，便是通过自我的调节，将"煎熬"转换为"平和"。别人的苛责难道不是刚好给了你认识和改正自己错误的机会？别人的批评又未尝不是建议？别人对你严格的要求不就刚好提供给你最佳的锻炼？

　　每一个人都能成为推动你前进的力量。我们必须时常怀揣感恩之心去看待历经的人和事，用忍让的态度处理与转换能量，让自己在平和中理性思考。笔者认为，或喜或悲都不及"平和"的万分之一，能做到真正的"忍让"，进而让内心一直保持"平和"的状态，便是大智慧。

或许这时候你会问："我又不是圣人，怎么能做到事事忍让、怎么能做到没脾气？"

圣人从来都不是高高在上的，圣人之所以成为圣人，他得先为人，只要是人就一定会有脾气。"脾气"与"控制"共存，不"控制"就会"失控"。人与动物的区别在于人有精密复杂的大脑，大脑通过思考指导人正确的行为，克制错误的行为。但动物不会，动物会暴走会撕咬，我们称之为"兽性"。人是由动物进化而成的，既有原始的"兽性"也有进化出的"人性"。"控制"属于"人性"，"失控"便是"兽性"，"兽性"是原始的低级的行为，我们活着的这一生，都在与自己的"兽性"做斗争。人在失控的时候智商为零，"兽性"让人疯狂、让人愤怒，我相信，谁都不想退化成兽。由此，控制便显得尤为重要，控制好"兽性"，"人性"才能凸显，一切美好的东西才会出现。

随着时间的流逝，我们生理逐渐成熟，若是心理不能与生理同步甚至更快一步，实在对不起那些死去的昨天。别人永远无法控制自己的心情，我们最大的敌人源于自身，这点毋庸置疑。战胜自己心中的黑天使，就是战场上最伟大的英雄。山顶飘浮着朵朵白云，日出终会由东而上，跟着光走，背后带着光的人，温暖了别人也温暖了自己。你的心态行为决定了你的轨迹，生活中遇到的一切不满，都是你成熟的阶梯。你的忍让，你的乐观，让你拥有了更多的朋友，也让你变成了更好的人。

拒绝诱惑，选择正确的方向

朱海兰

人的一生，不是戏，也不是梦。在那些充满暧昧的诱惑里，总是散发着花儿和面包的清香，当你伸手拿起时，你会发现自己的快乐如自己所吃的面包一般，吃一口，便少一口，吃到最后，面包消失了，你的快乐也不见了。可见，拒绝诱惑，选择正确的方向是多么的重要。

望到叶子的第一眼，便感觉她温婉中略带着一点小忧伤，一件大红色的镂空裙配着一条紧身的白色短裤，看上去干净而又给人欢快的感觉。

叶子看到我，对着我便是一个淡淡的微笑，这样的笑容，让人感觉舒服而坦然。彼此落座后，叶子要服务生调了两杯鸡尾酒，透明的玻璃高脚杯，盛放着粉红色的鸡尾酒，酒上漂着两片橙黄的柠檬。这样的氛围，这样的颜色，这样的酒品，如这炎夏的一抹清凉，让人内心顿时感觉到了清爽。

叶子已是不惑之年，但单从相貌和衣着打扮来看，我总感觉她应该不到三十岁，那么明媚、阳光、精致，一个不笑便不开口说话的小女人。

叶子曰："最初那么年轻，心里除了爱情，便没有其他，看着琼瑶爱情小说长大的自己，可以为了爱情浪迹天涯。可是和心爱的人在一起日子久了，才知道，爱情可以不食人间烟火，你恩我爱之后，各回各家，各找各妈，但婚姻却是要时时锅碗瓢盆相撞，一日三餐都要冒出炊烟。"

说到这里，叶子轻轻用吸管搅拌了一下杯子里粉红色的液体，继续说道："最初和他认识的时候，他还是个军人，那么英俊，那么让人心动，就那么一下爱上了，爱得义无反顾。不顾爸爸和妈妈的反对，跟他跑了二千多里地，来到了他生活的地方。"

听着叶子的讲述，心里禁不住有了同感，自己何尝不是这样一个女子呢，为了爱情可以放弃全天下，然后远嫁他乡。突然环境变了，周围生活的人变了，同学没了，朋友没了，一颗心全系在了自己深爱的这个男人的身上。可是日子久了，爱情淡了，你会发现："原来你是和一个人的优点在恋爱，和一个人的缺点在过日子。"那种失落、迷茫、彷徨与无人诉说的苦闷，如果不是有这般深深体会的人，又怎么能够理解呢！

叶子说："真正走出来，是因为表嫂的去世。她病重住院的时候，就有人开始给表哥介绍对象，总想着她这样的绝症怕是活不太久了。有人给表哥介绍，表哥竟然还会去相亲。当时，心里真的感觉太震惊了，表嫂在医院病得那么重，随时都有可能停止呼吸，难道他连这几天都等不了吗？不久，表嫂永远离开了人世，等春节见他的时候，他身边竟然真的又多了一个女人，那时候表嫂去世才刚刚两个月，他竟然就和别的女人同居了。"

讲到这里，叶子的情绪明显有了小激动，她轻轻让自己呷了一口鸡尾酒，然后接着讲道："你知道吗，姐。当我把自己内心的震惊与不解讲与老公的时候，你猜他轻描淡写地说了一句什么话？"

我摇头，表示无法猜出，但心里明白，叶子的老公一定说出了一句让叶子更感震惊的话。

果然叶子道："他竟然说，这事还不是很正常吗？就这样轻描淡写地来了这么一句话，便再没有说什么。"

叶子顿了一下："姐，从那一刻，我彻底醒悟了。过去，我给老公买三件衣服都不舍得给自己买一件。把老公和孩子当成自己的天和地，而自己就是住在天地之间的一个小女人。整天围绕着天和地生活的小女人。没有了自我，没有了自己的人生目标和方向。但从那天开始我真的想开了，身体有病不再等着老公去给看，如果他因为忙不给看，自己便会又生气又郁闷。现在我不再依赖他，我要让自己完全独立起来。"

"你知道吗姐，我身上这件红衣服买了有两年了，一直不敢穿，但现在我穿上了。跑到美容院给自己办了年卡，现在望着镜子里的自己，感觉越来越年轻，如果有人要我回到三十岁，我还真不愿意回去呢，因为那时候的自己，是最难过的时候，女儿七岁，儿子一岁，家里的生意刚刚起步，困难到我都没有路费走娘家。现在，我喜欢怎么做就怎么做，我爱养花，自己的家里、厂子里，能种花的地方都种上了花。我要好好爱自己，学会微笑面对生活。现在我的笑容多了，孩子也跟着开心。过去老公去哪里吃饭，我都想着跟着去，不让去心里还不舒服会跟他吵架，会怀疑他带别的女人去。但现在，我不再缠着他跟他去，他却学会主动邀请我去了。"

讲到这里，叶子舒心地望着我又是一个浅笑："姐，你知道吗？男人是最经不住诱惑的物种。人的一生，不是戏，也不是梦。在那些充满暧昧的诱惑里，总是散发着花儿和面包的清香，当你伸手拿起时，你会发现自己的快乐如自己所吃的面包一般，吃一口，便少一口，吃到最后，面包消失了，你的快乐也不见了。可见，拒绝诱惑，选择正确的方向是多么的重要。所以聪明的女人，要想让自己的男人经得住外界的诱惑，就要先学会改变自己。我想通了，也想明白了，我要对自己好，只有先对自己好了，自己开心了，高兴了，自己笑了，这个家自然就会快乐起来，幸福起来。"

听着叶子的娓娓道来，望着她浅浅的笑，正好与窗外透过窗帘照射进来的一缕阳光相映衬在了一起。当与叶子走出咖啡屋的时候，夕阳还没有沉落，天际的云都被夕阳抹成了以红色为基调的彩色，那么鲜艳、那么自信与快乐。

是啊，在这个以男性为主导的社会群体中，每个成功男人的背后都有一个默默无闻的女人支持着，而每个成功女人的背后，都有数不清的辛酸故事供她回忆着。不是我太冷漠，而是这世界真的太绝情，男人一旦成功，总是经不住外界各种的诱惑，首先伤到的便是那个默默支持他的女人。

叶子看到了，也感悟到了。女人首先要学会自立，再学会强大。在婚姻里，不要让自己太卑微，要经得住打击，也要经得住诱惑，给自己制定的人生方向正确了，幸福便会如影随形，不离不弃。

人生，难免会有挫折

云歇鸢

在现实生活里，不如意的事情太多，也许本该幸福的生活被困难击垮，生活的主题变成煎熬，历程成了苦旅，看不到出口在何方，别人冷眼旁观，痛苦全落到自己身上。挫折在我们面前给我们出了这样一道是非题，除了消极逃避，只有迎头而上。

有一个男孩子自小患有脊髓灰质炎，留下了畸形的腿与参差不齐的牙齿。这样的后遗症，让他变得自卑，他怕别人嘲笑他瘸着腿走路的姿势像鸭子，嘲笑他说话之间露出的牙齿难看，不敢与年纪相仿的同学一起玩耍，尽量避免与周边的人们说话，上课的时候从来不敢举手回答老师的问题，老师偶尔点名让他回答时，他甚至一语不发。

春天到了，男孩家的邻居送给男孩父亲几棵小花苗。男孩父亲很高兴，他把孩子们叫到跟前，对他们说，这些小花苗每人都要种，到了明年春天，看看谁种的小花苗长得最好，花开得最多，谁就会得到一份礼物。

男孩的兄弟姐妹很开心，忙着上前抢那些看起来较大且精神的花苗，蹦蹦跳跳着选地挖坑、浇水，忙得不亦乐乎。男孩在一旁冷眼观望，最后捡了剩下的几棵小花苗，一副兴致缺失的样子，在院子里找了个偏僻的地方随便挖个坑把花苗全部种下。

那段日子，他看着他的兄弟姐妹每天围着他们的花苗，每天精心伺候，很快就发出不少枝芽，而属于他的几棵小花苗像极了他：瘦弱，丑陋，无人问津。

"竟然还能长出一点嫩绿的叶子？"他心理阴暗地想着，"这么难看的花，为什么还不死？"

因此随便浇了几次水之后，不管日晒雨淋，他再也不搭理那几棵花苗，有时经过它们，甚至把它们的枝叶掐断。

很快，第二年的春天又到了，男孩的父亲检查了孩子们的劳动成果，发现男孩的那几棵花苗抽的枝条虽然不多，但开了不少花，灿烂盛开的，含苞欲放的，特别漂亮；男孩的兄弟姐妹们的花苗，虽然枝叶更为茂密，但开花很少，有的甚至不开花。

男孩的父亲很高兴，他表扬了男孩，认为他养得最好，并兑现了当初的诺言，为男孩买了一本植物方面的书，并祝福他，以后一定会成为一位出色的植物学家。

男孩看着他根本没有搭理过的花苗，轻轻抚摸着花瓣轻柔的触感，它们靠着自身的努力长出了新枝叶，绽放出美丽的花朵，心里突然变得柔软。

那天晚上男孩一直在看着他父亲送的那本植物书，终于明白了为什么花苗没有人照顾，甚至他带着阴暗的心理恶意去掐断枝叶，花苗却长得越来越好的原因。

原来，花苗的栽培要点，重要的一条就是需要把部分长出的枝条剪去，从而刺激侧芽萌发，抽生新枝，才会增加枝条数量，促使开花更多。男孩当初掐断枝叶，却误打误撞促发了花苗的成长，而他的兄弟姐妹每日精心照顾，认为枝叶越长越茂盛才好，反倒让花苗把养分输送到了枝叶上，造成徒长，最终难以促发开花。

他为自己当初那个故意掐断枝叶促使花苗死亡的想法感到惭愧，也感慨于花苗成长的残酷方式。花苗的成长需要剪枝，才能开出娇艳的花朵，而他却因为脊髓灰质炎的后遗症耿耿于怀，封闭自己，把自己当成是无人理睬甚至遭遇掐枝的花苗，然而花苗绽放了更多的花朵，自己呢？

几十年后，当初的小男孩没有成为一名植物学家，但他成功地走出了阴影，不再畏惧身体的缺陷，笑着走到最后。

人生难免要有挫折。花苗没有经历掐枝的疼痛，哪里会盛开出灿烂的花朵；人生没有经历挫折的疼痛，哪里会绽放出灿烂的微笑?

大自然是善变的。阳光温暖的季节，气候宜人，天空湛蓝，让人忘记了所有的悲伤，包括阴雨的惆怅。可一旦梅雨来临，在阴雨笼罩下的温暖和美丽都会被打湿，天是迷茫的灰，道路变得泥泞。时至冬日，甚至会有突如其来的暴风雪，气温骤降，寒风刺骨，积雪堆砌了道路，难以出行。在漫长的岁月里，大自然年复一年地重复这样的变化。

我们的短暂生命其实就是自然的缩影，有阳光，有雨露，也有灾害，有风霜。我们都希望自己的人生少一些波折，少一些磨难，多一些顺利，多一些眷顾，可是难免会遭受挫折，命运似乎永远在捉弄我们、折磨我们，总是带给我们更多的失落与痛苦。别人娇妻美眷衣食无忧，而你却连吃饭读书养家都要发愁；别人生意顺风顺水，你生意一落千丈，蚀本无归。

诚然，人生看似太不公平。出生的环境不同，每个人的条件不一样，家庭环境不一样，选择、经历也不一样。从我们呱呱坠地之时，就要注定接受各种各样的挑战，有失败也有成功，永远都不可能一帆风顺。生活中的挫折也许会打败我们，但我们可以选择要不要站起来。若看不清自己的道路，即使锦衣玉食，吃住无忧，也如同温室里的花朵，　点点失败都会一蹶不振。

面对挫折，你是选择面对，还是逃避？在现实生活里，不如意的事情太多，也许本该幸福的生活被困难击垮，生活的主题变成煎熬，历程成了苦旅，看不到出口在何方，别人冷眼旁观，痛苦全落到自己身上。挫折在我们面前给我们出了这样一道是非题，除了消极逃避，只有迎头而上。你可以选择放弃，绕道而行，不必为遭受挫折而难过，更不用努力，但是以后的路会更加艰辛、充满未知。这样薄弱乏味的人生，真的是你想要的吗？

摆正心态，选择迎头面对也许很艰难，但总有一丝希望。一旦选择面对，挫折其实就像弹簧，你强它就弱，你弱它就强。水在礁石的坚硬中激出了浪花，毛毛虫在痛苦的蜕变中长出了翅膀，鲤鱼在高高的龙门中跃出了云端，种子在石缝的狭窄中萌发了新芽，花苗在残酷的掐枝中盛开了花朵。我们迎头面对的挫折，本来就是带着磨砺与痛苦，含着血与泪而来。不经历风雨，怎能见彩虹，从小到大被人说得烂熟的句子，却有它深刻的道理，见证着一代代人成长。

我们遭受过的挫折可以增强我们的信心，磨砺出我们的才华。古人云："故天将降大任于斯人也，必先苦其心志，劳其筋骨，饿其体肤，空乏其身，行拂乱其所为，所以动心忍性，曾益其所不能。"你要相信，荣耀从来都是伴随着挫折而来的，为什么要对自己没有信心？

挫折接踵而至，不要慌张。就像游戏打怪，有时候并没有那么好运让你有时间充分对付完一个怪，再去打另外一个怪，更多的时候是好几个怪一起攻击你，也许面对一个怪你能游刃有余，而面对一大群怪就手忙脚乱了。经历挫折就像打怪，失败了，不妨想想对策，换种策略，在失败中吸取教训，尽量不要被任何一个怪打倒。

更多时候，路上的悲喜，还是要靠自己一个人品尝。要认清这世上的确充满坎坷，但都有峰回路转的时刻。遇山过山，遇雨撑伞，有桥过桥，无桥自渡，没有永远做不了的事。

岁月无声，日子有痕。生命的意义在于历练。在人生的路途中充满了未知，难免会有挫折，但请相信好运也会眷顾。不要为一段残枝拒绝了无边绿意，不要为一朵枯花否定了满园芬芳，前往成功的路上也许坑坑洼洼、四处泥泞。

千万不要被挫折打败，无论你遭受过多大的打击，都不该否定整个人生。

你的付出，总会有回报

幽蓝

世事就是如逆水行舟，不进则退。杨玉萱腾飞了，而我还在原地踏步，她飞了，忙碌的工作之余，全球到处飞，专业的知识和工作舞台给予她丰厚的薪金，支撑起她奢华的生活，而她依然在学习，她尝到了学习的甜头，也愿意继续学习，因为她知道，只要有付出，就总会有回报的。

有一个孩子，很聪明也非常调皮，上课不认真听老师讲解，总认为自己已经听懂，丢下课本，漫山遍野乱跑，与山中飞翔的小鸟做伴，以摘水边美丽的花儿为乐。

有一天，他正沿着河边的小道，蹦跳着前进，嘴里还叼着从路边摘的草叶，突然看到河边坐着一位白发苍苍的老奶奶，双手里拿着一根很粗的铁棒，在一块石头上来回不停地磨着。石头已经被磨得凹下去了，铁棒也发出耀眼的蓝光。

孩子看了一会，觉得很奇怪，就上前问道："老奶奶，您在干什么呢？"

46

"我在磨针啊！"老奶奶抬起头，慈祥地对着孩子笑了笑。

"这么粗的铁棒也能磨成针？"孩子好奇地继续问道。

"是啊，只要我坚持磨下去，它肯定能磨成一根最漂亮的绣花针，如果我停止了，那它永远只会是一根毫无用处的铁棒。"

听着老奶奶的话，孩子若有所思后有所领悟，于是告别了老奶奶。他重拾课本，用功读书，最终成为一代文豪，流芳百世。他就是我们唐朝的诗仙李白。

我们平常一点一滴的付出，当时只感觉厌烦和疲惫，但就像故事里面的铁棒，经过老奶奶不停地磨，经历着枯燥而又无趣的过程，终有一天，粗糙的铁棒也能被磨成一枚细小的绣花针，老奶奶付出的汗水和辛劳，终会有回报。

初冬的午后，我拿着一本书，坐在飘窗上，悠闲地沐浴在懒懒的阳光下。看着窗外来来往往的为了生活在忙碌的人们，珍惜着自己舒适的时光。

偶尔拿起放在桌上的手机，翻阅着微信的朋友圈，打开了另外一个光彩迷离的世界。

朋友圈里一组漂亮的海边照片吸引住我的目光。晴空万里的蓝天，细柔的沙滩上，一位身着长裙的美女，飘逸地站在一片青葱翠绿的椰树中，随风飘起的裙裾，高高扬起，远处，水天交接的地方是碧蓝的一片大海。

还有一张，很明显是在碧澄的海水下拍摄的，另一个美丽的蓝色世界，穿着一身黑黄相间潜水服的美人鱼，悠游自在地游在若隐若现的缤纷珊瑚中间。

她是我的好友，杨玉萱。

"亲，又跑哪里去了？"我问。

"马尔代夫。这里真美！"很快，手机就收到她回的微信。

"潇洒啊，看你在那都穿裙子，我这里好冷，恨不得钻被窝不出来了。"羡慕的话语通过网络传到了千里之外的马尔代夫。

"这里真的好美，天气也不热，海水也很清，空气真的非常清新，有时间你也来啊！"

她开心，让我羡慕但并不忌妒，为她的快乐而欣喜。

杨玉萱从小就是一位乖乖女，在家里排行最小，上面还有位哥哥、一位姐姐，娇气的她却非常可爱，梳着长长的马尾辫，瓜子似的脸庞上嵌着一双水汪汪的大眼睛，还有一张整天合不拢的小嘴。因为爱玩，成绩不是很好，中考时没有考上高中，家人给她报了一家技术专业学校，三年的学习生涯，她依然开心地玩了过来，而我们却在高中的魔鬼似教育中挣扎，羡慕她的自由和快乐。

当我们通过艰辛走过一条独木桥——高考，顺利地进入象牙塔中，开始了多姿多彩的大学生活时，而她却走进了现实的社会。

年方十八的她，有着骄人的身材，美丽的容颜散发着阳光的色彩。很快，她就在大城市的商场找到了一份营业员的工作，她用一颗纯真的心去与别的营业员相处。营业员的工作，要求并不高，只要有良好的外貌，就可以胜任，工资也很低。刚参加工作的杨玉萱，腿脚很快就肿了，而微薄的工资也无法撑起现实社会日益增长的消费水平。

而我们还在象牙塔中学习大学必修课的恋爱篇。

"亲，在吗？"一天深夜，突然微信传来一阵低吟，很奇怪是谁这么晚了还发来信息，伸手拿过手机，打开，跳出了杨玉萱的信息。惊醒睡梦中的我。

"在，这么晚了，怎么了？"我很快地回了消息。

"我一个人在马路上，去往你家，欢迎吗？"

"傻瓜，你不会打车啊，要不要我来接你？"我吓了一跳，迅速地坐了起来。

"没事，我也快到了。没看到车。"

大学毕业后，学校把我分配到了一家研究所工作，有了属于自己单独的宿舍。杨玉萱也好久没有联系了，只是偶尔看到她发在微信朋友圈的信息。知道她参加了夜校学习电脑设计专业，同时也换了一份工作，在一家广告设计公司做接待。

穿好衣服，打开门，十二月的城里还是很凉的，寂静的街道上偶尔滑过的一辆车告诉我夜已经很深了。

远处看到一个孤独的身影，拖着一个大大的行李箱，慢慢地走了过来，是她。我急步上前，碰到她冰凉的小手，不禁嗔怪道，"这么晚了乱跑，还带着这么大的一个箱子，被老拐子拐了咋办？"

她委屈的脸上却还挂着笑容，"亲，要麻烦你几天了，我被开除了，不想回家让家人担心，只有到你这了。"

"没问题，快进去吧，外面很凉！"提起杨玉萱的行李箱，带着她很快地进了屋。

后来才知道，她的公司因为经营不善倒闭了，欠杨玉萱几个月的工资也没有发，她不好意思回家，在外面流浪了很久，最后才决定来找我的。我真不知道是该高兴还是生气，高兴她还知道来找我，生气她一个女孩子，怎么拖着一个行李箱走过来的。

"等我学好了电脑设计专业，到时候都得求着要我。"

听着她立下的雄心壮志，我不禁笑了。

后来，她找了一份超市收银的工作，先解决了自己的温饱问题，每天晚上都去夜校学习电脑设计专业的课程。无论刮风还是下雨，都既辛苦又执着地走在这条道路上，经过一年的刻苦学习，她找了一家设计公司，重新起航。

后来的后来，她在新公司用丰富的专业知识和技能，还有虚心好学的态度，很快就坐到了设计主管的位置。

而我依然在我的公司里面，每天重复着同样的事情，拿着同样的钱，空闲时间就是在网络上打游戏。

人生就如逆水行舟，不进则退。杨玉萱腾飞了，而我还在原地踏步。她飞了，忙碌的工作之余，全球到处飞，专业的知识和工作舞台给予她丰厚的薪金，支撑起她奢华的生活，而她依然在学习，她尝到了学习的甜头，也愿意继续学习，因为她知道，只要有付出，总会有回报的。

上帝总在你看不见的地方为你开了一扇窗

萧陌

任何时候，都不要用愤懑和怨艾把自己的一颗心关在狭小的屋子里，而对那扇期待你来推开的窗子视而不见，任它寂寞地等待着，任它在岁月里被尘埃层层掩埋。很多时候，我们需要的是一个转身，只是轻轻转身，换个角度，或许一扇窗子就在等你，推开，就是一院子的春暖花开。

一个人被涨潮的海水隔离在孤岛上，他祈祷，虔诚地祈求上帝来带他脱离险境。

第二天，一只小船在风浪中经过，他没有呼救。

第三天一艘商船经过，他依然没有呼救，只是虔诚地等待着上帝的救援。

第四天，第五天，他被浪涛卷进了大海。

天使问上帝，主啊，您为何不去解救你虔诚的子民？

上帝说，我派了两艘船去了，只是，他不需要。

朋友给我讲这个故事的时候，我正在街头茫然地看着那张已经被撕掉一半儿的招聘启事发呆。秋日的阳光很暖，但是风吹来的时候也会有萧瑟的寒意。

很多时候，我相信命运。在冥冥之中，会有一只无形的手牵引着你的方向，走过属于你该走的路，不管是曲折的坎坎坷坷，还是一路平顺的，都是注定了的，所以我们喜欢说顺其自然。其实，这四个字在很多时候都是自我懈怠的一种借口，或者说就是逃避某些困难的一种方式。然后，慢慢地，形成习惯，我们堂而皇之地将这种习惯叫作顺其自然。

甚至，我们会在日复一日的寡淡的生活中把自己走成一个苍白而单薄的影子，没有了梦想的色彩，没有了故事的缤纷，只是越来越淡，越来越薄凉，在心底的幽暗处对生活生出了一棵叫作自暴自弃的植物，任它的根须在我们的日子里逐渐生长、繁衍，成了一片暗灰色的葱茏。

雷庆瑶，在第一次听说这个名字的时候，是我大学毕业第三年，职业倦怠，心灵荒芜。我上完了一个普通的二流大学，学了一个很普通的专业，毕了业找了一份撑不死饿不着的工作，拿着高不成低不就的薪水，画着毫无前途的设计图，过着平淡得如白开水一样的日子。有时候我也会默默地问自己，这样的生活是我想要的吗？我三十岁四十岁也要这样吗？安稳的，但是寡淡的；轻松的，但是无趣的。

甚至，有段时间，我对自己的生活很满意，只是偶然在半夜里惊醒的时候会呆愣愣的，看着夜空发呆，心里是惶恐的、莫名的空虚。直到有一天，在安徽卫视的一个节目中，我看到了这个叫雷庆瑶的女孩子，一个很爱美的女子，一个在三岁就被电击而失去双臂的女子。

她认真地对着镜头前的观众说，难道失去了胳膊就连爱美的天性都不能保留，连爱美的资格都没有了吗？我觉得并不是上帝给了你什么样的生活，你就接受什么样的生活，而是你如何去选择你的生活。既然上帝给我关上了通往坦途的门，那就一定会给我一扇不一样的窗子，只是悄悄地掩藏在某个角落，等我去寻找。

我有些惊愕地看着她，看着如今的她端庄典雅地穿着自己喜欢的旗袍，站在所有的人面前，笑得如此灿烂。如今，她拥有自己的服装品牌，有着属于自己的美丽的生活，她淡然地说着曾经的艰难，没有眼泪，没有痛楚，只是微笑地诉说着一切，仿佛这只是一段平静得不能再平静、简单得不能再简单、正常得不能再正常的生活。

一个对自己的残缺人生有着如此冷静的认知，而且在认知的前提下接受，去与命运博弈，去寻找、选择自己想要的生活，活得这样美，怎能不给人一种震撼呢！我不敢想如果雷庆瑶按照所有人为她设定的生活走下去，会不会只能是一个生活在困境与折磨中的女子，一个不能爱美不能追求美的女子，一个不能穿裙子不能留长发的黯淡无光的女子？这一切都不存在，因为她是雷庆瑶，她用自己的倔强与执着缔造了一个美神的世界，东方的维纳斯，站在一片春日的花海中，绽放最温柔的笑容。

我认识这样一个女孩子，一个很美的女孩子，从小就很美，而且她也在生活中把这种美发挥到了极致。中学时会有男生给她整理笔记，即便是犯了点小错误，老师也会轻描淡写说几句不痛不痒的话就过去了。我一直羡慕得紧，只是看看自己平淡得像小数点一般的样子，在心里偷偷叹口气，继续捧着课本做自己的数学题、语文题和各种各样的练习册。

我大学毕业时，她早早就揣着一张高职毕业证成为一个机关的文职小秘书，化着妆端着茶翘着手指捏着文件，延续着理所当然的美丽。只是三年之后我再见她的时候，却是在求职的人才市场，我跟着单位的总监去招聘，而她就拥挤在一群靓丽年轻的大学生里，美丽依旧，只是在面孔上有种说不出来的沧桑。

她拉着我，说着用人单位如何看不起人，如何看不起那样一纸证书，铺天盖地的抱怨如同冷冷的潮水把我淹没，一种窒息紧紧地包裹着我的心。我轻轻挣开她的手问，那你都会做什么呢？这几年你积累的工作经验都可以写在简历上的。她愕然地看着我说，我就是做文秘，比如说收文件发文件之类的，别的什么都不会。

在她的声音里，我竟然听到一种很空洞的回音，仿佛在一个偌大的山洞里，她的声音是这样渺小无助，别的什么都不会，这句话如同风中的蛛网，晶莹剔透，却真的是弱不禁风。

然后，理所当然的不再联系。再次相逢，已经是此去经年。她安静地坐在一群人中，不再是那个翘着兰花指的美丽女子，而是一种完全不同于以前的端庄典雅，让她整个人如同一粒珍珠一般，柔润而沉静。

酒过三巡，觥筹交错，在迷离的灯光下，她说，我用了半年的时间迷茫，用了两年时间寻找自己的方向。最初的怨天尤人过后，我发现其实自己是有能力的，对服装的搭配，对美丽的解读，让我找到了自己的定位，现在我在做私人色彩咨询师，虽然累，但是却给了我前所未有的成就感。

分手之后，许久都会想起那安静地坐在灯光下的女子的美，从容而温润，那是从骨子里散发出的美。

很多时候我们会在生活这条路上跌倒，甚至会头破血流，然后抱怨上帝的不公。其实上帝是足够公平的，一只手给你忧伤，另一只手一定满满地握着喜悦在等待你。

上帝给你一间寂寞的小木屋，就一定会给你一个充满希望的花园；在给你关上一扇门的时候，定然会有一扇窗子在悄悄为你准备着，即便是我们在门缝里看到那一片冬天的荒芜，也一定要相信，春天的希望就在不远的将来。

不要用愤懑和怨艾把自己的一颗心关在狭小的屋子里，而对那扇期待你来推开的窗子视而不见，任它寂寞地等待着，任它在岁月里被尘埃层层掩埋。很多时候，我们需要的是一个转身，只是轻轻转身，换个角度，或许一扇窗子就在等你，推开，就是一院子的春暖花开。

其实，很多时候，顺风顺水的生活久了也就寡淡了，上帝会给你一点点的挫折、一点点的惊喜，就像故事里七色花，就藏在生活这片森林里，等你经过风、沐着雨把自己百炼成钢的时候，便花开在侧，芳香四溢了。这岂不是人生乐事？

人生本就不是一路花红柳绿坦途如歌，叼着金汤匙出生的公主的故事，只是一厢情愿的玛丽苏，既然生活不会给你永远的丽日白云，既然会遇见雨天，那就撑一把伞，走在雨中，看水花溅起的晶莹，看田里绿意葱茏的禾苗正在拔节，看被风雨洗濯干净的天空。

人生本就是一场修行。

或许，一个转身，一个回眸，就是一片柳暗花明，就是一次独辟蹊径。

第三章

如果你害怕，那你就输了

生活需要勇气，人生中，总有些事情，不管你愿不愿意它都要发生，所以，你应该以最积极的心态去面对。对于风雨，逃避它，你只有被卷入港湾；迎向它，你却能获得生存。人生的旅途也往往如此。

想要什么，就靠努力获取

萧陌

很多时候，我们与成功之间就差一个踮起脚尖的距离，只是，我们在踮起脚尖之前往往要走很长一段路，这段路或许有人会与你一起走一段，但是大部分的时间，只有你一个人在走。

孔兮曦在合同上签下自己的名字的时候，眼角的余光在维娜的眸中看到一丝微笑，虽然转瞬即逝，但是敏感的她依然捕捉到了，她知道自己成功了，放下笔，手心里微微的潮湿。

"祝贺你，孔兮曦！"在走出会议室的门口的时候，维娜停下脚步，微微侧身，轻轻在孔兮曦的耳边说。未等她反应过来，维娜已经快步走出进了电梯间，只留给她一道消瘦却骄傲的身影，那挺直的脊背依然如同两年前，没有一丝一毫的改变。

孔兮曦第一次见到维娜，是在招聘会上，这个傲气凛然的女子让自己一败涂地。那些获奖证书，那些优异的成绩，仿佛都只是在一张张没有用的废纸上写下的没有任何作用的数字，哪怕看一眼都是徒劳的。

"我们要招聘的是销售人员，不是面嫩口拙的小姑娘，如果你没有这个能力，就不要想从我们这里得到任何的同情，同情本就是廉价的。"踩着十公分高的高跟鞋、穿了一身职业套装的维娜看着眼前红着眼圈的孔兮曦，顿了一顿，然后冷冷地说："面试最好不要穿牛仔，走出校门就没人把你当孩子，好，你可以出去，下一个请进。"也就在这一刻，孔兮曦突然发现自己做了二十多年的乖乖女、听话的好学生竟然是个错误。

面试的失败仿佛都在意料之中了，当她咬着唇走出招聘中心的时候，正好看着维娜蹙着眉站在门外的台阶下的拐角处打电话。消瘦却笔直的脊背，在夕阳下带着一种说不出的倔强和萧瑟。突然，眼前的女子猛然一晃，从台阶上一头栽了下去。孔兮曦疾步过去恰到好处地扶住维娜，小心地问道，"你没事吧！"

"谢谢，有糖吗？给我一粒。"维娜苍白着脸，用手扶住额头闭着眼睛轻轻说道。

孔兮曦手忙脚乱地从背包里翻出一粒巧克力，剥掉包装纸，迟疑了一下，给她送到嘴边上。

"是你！"半晌，维娜睁开眼睛，一愣。倏地一下站稳了身子，神情猛然变得淡淡的，瞬间就恢复了到了如初那个冷傲的女强人。"你这个人情我会记得，谢谢，你适合化淡妆，毕业了就不要穿牛仔。"说完，没有再看孔兮曦一眼，往招聘中心那高高的台阶走去。

一周之后，孔兮曦站在了馨园开发公司销售部的前台。

销售部的负责人就是维娜。

"你知道为什么录用你？"上班的第一天，维娜问紧张地站在销售部接待室的孔兮曦。

孔兮曦小心地抬头看着一身职业装的维娜，轻轻摇了摇头，她知道，招聘会那天自己糟糕透了。

"第一，你长了一张可信度很高的脸。第二，你的简历上的各种优秀证明你大学四年没有浪费，一块好钢也得需要锻造。记住，明天穿套装，你现在就是公司的颜面，前台。"

由于是新人，再加上对谁都是一副笑脸的好脾气，公司的大大小小的员工都开始喜欢这个刚走出校门的小姑娘。前台除了接接电话，接待一下来签合约的业务员，也没有其他的工作要做。偶尔大家也会安排孔兮曦叫个外卖，泡杯咖啡之类的小妹儿做的活儿，所以慢慢地，带外卖，泡咖啡，甚至给各个办公室收发材料，大家都会说，叫兮曦去。

习惯成自然，半年之后，孔兮曦俨然成了大家的后勤部长，甚至连一起来的小姑娘也会说，兮曦，麻烦你给我洗洗杯子泡杯茶。

只是，维娜从不指使孔兮曦做任何工作之外的事情。

年终，公司发奖金，每个人都有红包，孔兮曦却发现，自己只有一张工资卡。大家说，兮曦可是咱们销售部的后勤部长，没有功劳有苦劳，怎么会给忘了呢？一定是经理弄错了。

"孔兮曦，你来我办公室一下。"还有半小时下班的时候，维娜打过一个内线。

"经理，你找我！"孔兮曦坐在维娜身前的沙发上，上身挺得笔直，双手放在膝盖上。

"孔兮曦，你学的什么专业。"

"电子金融。"

"我还以为你学的后勤保洁呢！"维娜抬起头，饶有兴趣地看着她，甚至嘴角还含了一丝笑。

瞬间，孔兮曦一张俏脸涨得通红，猛然从沙发上站了起来，却不知道说什么。

"这时候激动什么，这半年，你不是做得很开心吗？记住，在这里，只要你不上进，就谁都可以踩你一脚。如果你不知道去竞争，十年之后，你也只是个前台。"

"可是，我没有机会，我做的就是接待，接电话。"孔兮曦涨红着脸小声地分辨。

"机会？什么是机会？机会来了你能抓得住吗？这里没有人去给你准备机会，只有你自己具备不具备去抓住机会的能力？"维娜走过来轻轻拍了拍孔兮曦的肩膀。"其实，五年前我也是这样，我就是一个前台。我没有你那么高的学历，也没有后台，我以为只要我跟每个人都和平相处，我努力做好一切就好。但是，我发现，不是。这个世界没有和平共处这个原则的存在，因为强与弱本就是这个社会立足的根本，只有你让自己足够强大，机会才会降临到你的面前。当然，强大的资本是什么？我想，你应该好好考虑一下，还需要我说吗，兮曦？"维娜说完转身从桌上拿起一个文件袋，递过来。

孔兮曦迟疑地接过，不解地看着维娜。

"春节过后，你不用去做前台，跟着我去做市场销售分析，拜访客户。我看你的毕业论文就是市场销售与业绩分析方面的，而且做得相当不错，也是下了功夫。这个假期你在家熟悉一下销售部的工作流程。OK？"维娜笑着端起咖啡，看着窗外。小年了，外面有人在放烟花，一朵朵烟花开在黑丝绒一般的夜幕，很绚烂。

当你学会拒绝，那就是人生成熟的第一步！

当大家习惯地说："兮曦，中午去带几个外卖吧！"孔兮曦笑嘻嘻地拿出自己的便当盒说："我今天带饭，还有个流程图没做好，不好意思了。"

办公室的业务员说："兮曦，你去洗一下杯子泡点咖啡我们大家提提神。"

孔兮曦会蹙着眉头，可怜兮兮地说："姐姐，我还没做完这个客户要的设计小稿，一会儿经理要出去回访客户，我要加班加点了。"

孔兮曦的好人缘逐渐消遁不见，甚至，大家说，孔兮曦真虚伪，半年来就是哄骗大家感情，现在傍上了销售部的头儿，开始翘尾巴了。

仿佛没有那次谈话，维娜每次见到孔兮曦都是公事公办，让人挑不出任何的借口，只有孔兮曦自己知道，每次的分析图表维娜都会指出其中存在的问题，哪怕是一个标点，都会重新商榷。

中秋节，孔兮曦做完这个月末的业绩整合，才发现窗外一轮明月，清辉如水。

家，在几百里之外的小城，早上已经给父母打过电话，估计礼物也快递到了，只是，孤单在这一刻猛然袭来，猝不及防，如潮水一般淹没了孔兮曦。

"走吧，出去喝一杯。"维娜站在门外，拿着车钥匙，轻轻敲了敲门。

找了一个小摊，临水，前面不远就是护城河，水还算清澈！守着一轮玉盘样的月儿。

孔兮曦突然发现维娜其实很瘦弱，那平时挺得笔直的肩背瘦弱得如同一个孩子。这个仅仅比她大五岁的女孩子，从农村出来，没有背景，没有高学历，有的只是一种坚韧，喝了几杯酒之后，维娜说起自己一个人拖着行李走在大街上，一个星期只能睡在候车室，一碗泡面坚持一天，为了拜访一个客户，可以每天早上准时在客户的门外等待。

最后，眼睛晶亮的维娜盯着孔兮曦说："你知道我为什么要帮你吗，孔兮曦？

"因为，你帮过我。呵呵，你是在这个城市里唯一一个帮我的陌生人。其实，人很多时候，怕的不是寂寞，而是冷漠。"维娜说完，端起杯子喝完最后一杯酒，然后结账离开。

三个月后，孔兮曦签下了第一个客户！

一年之后，孔兮曦成为销售部的销售明星！

两年之后，孔兮曦拿下了第一单超过百万元的合约的签订。

其实，很多时候，机会都会有，只是看你想要不想要。如果想要，那就去努力！

很多时候，我们与成功之间就差一个踮起脚尖的距离，只是，我们在踮起脚尖之前往往要走很长一段路，这段路或许有人会与你一起走一段，但是大部分的时间，只有你一个人在走。

前方的路就算是塌方了，也会有路可走

无枝

路再怎么险，我还是走出了路来，在意料之外，也在意料之中。如今，新工作已经走上正轨，债务已经还清，心态也更成熟冷静了。俗话说，吃一堑，长一智，这一次算是彻底明白了。

阳关三叠，一叠又一叠，我反复听了一下午。以前听这琴曲，多是对阳关古风的向往；现在听，则多是对往事的回忆。在苍凉的琴声中，翻了一下过去的照片，芦湖、苗寨、草海、西安、西西弗，以及五大花园嘈杂的夜市……我越来越会自我调节情绪了。在车背上，穿过马路和车流，穿过浣花溪，回来听阳关曲，抚今追昔，也只是伤感一阵而已。

然而，在一个月前，我还没法做到这样坦荡。那时，我想的和我要应付的，只有一个问题，那就是怎么活着！

以前在报社，工作量不大，工资不少，在成都，完全能够过着小富即安的生活。空余时间，写诗歌、组建诗社、写小说、骑行……我乐此不疲。但是，为了跟着朋友一起创业，我放弃了这种安安静静的生活，辞职跟他一起创业，投身新媒体行业。我对朋友充满信心，对新媒体的发展前景充满信心——至少朋友的描述和许诺使我充满信心。

他通知我辞职第二天，我便在报社收拾行囊走人了。然后，我度过了一周轻松愉快的时光：骑车、看书、会友，还差点就去旅行了。毕竟积蓄有限，出远门的计划没有成行。就在我满心欢喜地等着周一开始新的工作时，朋友通知我，要推迟一周，因为有点手续问题。我没有多想，就等了一周。然而第二周我再问时，他竟然又说要等一周。我有点不耐烦，可还是装作很耐心、礼貌地回复他和他舅舅。这个新媒体项目，是他和他舅舅一起做的。在回复我时，他舅舅显得特别温和，又对我做出了很多许诺，对工作前景进行了一番精妙的描述。我本心灰意冷，竟硬被打动了。

我其实一个月余没有工作了，可我还是不认为自己是失业，更没想过另寻他路。首先，对朋友和他舅充满信任；其次，是对新媒体充满信心，不想丢失学习的机会；最重要的，后来想了一下，还是因为自己的懒惰和盲目乐观，使自己不想去找工作，就连兼职都没有留意一下。考虑到我的情况，他舅又许诺在我"正式上班会给我一定补贴"，我更没有弃他们而去的想法了。要是我去了，没有补贴，也没有新工作的机会，一个月不是白等了吗？但是，此时的我已经余钱不多，加上钱包和用来交房租的两千块钱被盗，使我第二个月的生活变得度日如年。

我一下负债四五千，虽然兜里有钱，也吃不下去饭，每一顿只想吃一份凉糕，喝一碗稀饭草草了事。心情极差，出现耳鸣，甚至还有种饿晕的感觉。但是，我仍旧对新工作抱着幻想。

为了面子，这些艰难处境，我也丝毫没有跟朋友和他舅舅提及，只是旁敲侧击地说："换工作穷半年，换行业穷三年。"没多久，朋友和他舅舅请我吃了一顿大餐，喝了一场酒，我又彻底打消了"辞职"的念头。

酒醒过后，腹中空空如也，身后负债累累，眼前又是一片茫然。正式上班的日期一推又推，而我又对朋友充满莫名其妙的信任，就这样一个突然蹦出来的朋友，以前几乎没有联系。更糟糕的是，我依旧死不悔改，要维持自己的谦谦君子、善解人意的形象，就算问工作的事，也不好直说。仿佛是我的过错，我变得不好意思了。

当他舅给我回复"可以去找一份兼职"时，我懵了，我知道这意味着什么，意味着还得继续等，饿着肚皮继续等！或许是已经磨得没有找新工作的意志了，或许是要死守对朋友的信任，或许是真的相信"久等的瓜是甜的"这句俗语……我选择了继续等，并积极地把自己打整干净，去寻了一份发传单的兼职。

顶着烈日，我发了两天传单，晚上回来，满身疲倦，倒头便睡了。虽然很累，但我感到很踏实，因为我不用等，不用无所事事（或者说没法做事），更重要的是工资能现结，有了入账的钱，也有了吃饭的心情。

当我再次向朋友和他舅追问工作的事时，他们竟然不回复了，两天都没有回复。我本可以打电话去询问，但我没有，我的心里一片黯然。我那么想做一个善解人意的人，却从未有谁愿意来理解我！在绝望之际，我毫无责怪之意地写了一封简短的"辞职信"给他舅，因为没有签合同，我不写什么辞职信也是行的，可我还是要装模作样，彬彬有礼地跟他们告别。他们也彬彬有礼地同意了我的"辞职"。这在我意料之中，也在意料之外。他们竟然毫无愧疚？毫无一点关心？难道不知道我已经快走投无路了吗？

那一夜，我睁着眼，想了一夜，还是走不出崩溃的状态。

　　第二天，第三天，第四天……我开始胡乱地投简历，带着沮丧的心情去面试，然而都没有结果。甚至我差点去餐饮行业做服务员了，但想到要早出晚归，没有时间写作，我在去面试的途中又放弃了。我估计还是放不下文化人的架子吧。

　　我向来对家里报喜不报忧，这次也是。父母每次打电话来，都装作很忙，朋友询问，也说在工作。遇到这些情况，内心的委屈无处倾泻，只有在孤独中自我消化。然而，我正在消化时，面试失败持续恶性循环，给我造成一波又一波的打击。我对人生充满绝望，前方的路算是完全没有了。我不再信任任何人，我不再信任这个世界了。我想到了死。

　　朋友们都知道了，他们的温情劝慰和支援帮助，救活了我这颗将死之心。前一天，我还觉得前方的路已经是万丈悬崖，第二天我竟主动叫上朋友去吃河鲜、痛饮啤酒。虽然是朋友付账，我还是觉得畅快，既是高兴，也是要宣泄这两个月来的沉闷之气。

　　果不其然，我轻装上阵，带着充满希望的精气神去找工作，果然就看上了一家很不错的杂志社，符合我的职业履历，是我熟悉的工作；初试时跟我谈的同事也同样喜欢文学、在写小说，编辑部的准同事大多跟我趣味相投。

面试过后，其实还要复试，可我在回屋的路上，已经身轻如燕，几乎要哼着小曲了。回屋后，我还激动地在社交网络发布了自己找到新工作的消息。

第二天的复试，果不出我所料，我被录用了，而且让我意外的是试用期工资比我之前面试的所有公司都高，跟我以前报社的转正工资差不多。前几天还一阵大悲痛，甚至欲寻短见，后几天竟一阵大喜，应付这种大悲之后我的大喜，我是拿了几瓶啤酒，独自痛醉了一场。

酒醒后，我回想，我初试后的乐观心态是从哪里来的？之前乐观地等了两个月，等到的都是绝望的悬崖，要是这次也一样是悬崖，那我会怎样面对？还有勇气面对？看来这一条路还走得真险。

路再怎么险，我还是走出了路来，在意料之外，也在意料之中。如今，新工作已经走上正轨，债务已经还清，心态也更成熟冷静了。俗话说，吃一堑，长一智，这一次算是彻底明白了。经过那两个月的黑暗时间，我仿佛一下成熟了好几岁，能理解人，也能识人。

在杂志社，工资比以前更高了，锻炼也更多了，而且也有了更准确的职业规划：我要专心做好一名记者、编辑，让它成为我的一个重要职业和身份，既能养活我，也更能丰富我。所以，我对朋友和他舅也没了什么怨恨，我不求谁能理解我，反而还能更多地理解他人了。我感谢朋友和他舅，要不我还在曾经报社的温水中浸泡着，找不到、也不会想着尽快去找一条更明确的路！

害怕，它会牵制你所有的思想

丽日红松林

害怕是人的情绪，害怕是人的天敌，人类的进化其实就是一步步跨出自信的脚步，不悲天悯人，不回避，不逃避，我们的祖先跳下大树，开始凿穴而居，面对未知，以大无畏的精神，要对付毒瘴虫噬、洪水猛兽，制造了工具，生出了光明，使人类阴影越走越短，上天揽月，下海捉鳖，会当击水，终为世间灵长，在思想的常青藤上，文明的光耀照四海遨环宇，朗朗澄澈。

我用我的感受感知世界，与人打成一片，我有我独特的眼界和理解力。这独特二字最好，我用自己的方式打量和周旋于人和事中间，意识总让我游离着大千世界，或近或远，情绪的流露或慷慨从容，或卑懦影单，情绪使我的思想长成了草，不知该倒向何处。

一个有思想的人在西方叫作智者，我想对应我们的说法该称圣贤的，他们用思想诠释世界，可我们未必从中学到明白这世界。

智者是有智慧的，孔子担心礼崩乐坏而重塑仁义之说，老子有道：一曰慈，二曰俭，三曰不敢为天下先。

这世界是需要害怕的，思想总让我们天马行空，任性驰骋，害怕是系马的缰绳，思想在极端处可以悬崖勒马，回头是岸。如果我们的思想也称为思想的话。

我们只是有些想法的人，在活着的合适时候，偷一点空闲，抬头仰望天空，目光空洞，害怕总简单些，吃饱喝足，老婆孩子热炕头，小人物的想法是脱了线的风筝，害怕是吃饱等死，呜呼。

我不安于生活，人生总是在出其不意中生出许多枝节，我的脑细胞飞速地代谢，下一站，下一刻，我真的不知所以，无所适从。

一个普通人的害怕，金钱衡量着成功，这是丛林法则的不二指标。多少人在害怕中千人一面，喝着鸡汤，顶着压力，在起跑线上各显神通。他们冷漠，麻木，道貌岸然，冠冕堂皇，奔跑是唯一的想法。最大的害怕就是怕被突然踩了刹车，痛哭流涕，仰天长啸，追云逐月般的不知所踪。

我走在人类的文明大道上，享受着科技成果带来的美好生活，龟缩于房子的角落，看这个世界。

我从父亲上千亿的小蝌蚪中激流勇进，一马当先，当仁不让来到这个世界，我没有害怕，也不知道什么是害怕，那时的想法如电光石火，倏忽而逝，无从谈起。

当与这个世界交织，人与人的交流，让我感到情绪的波动，七情六欲尾随而来，我喜欢的，我讨厌的，我逃避的，不约而同，纷至沓来。

害怕来了，我买了一斤，人家给八两。我买皮的，人家给纸的。我听说一分耕耘一分收获，可老天爷总是打雷下雨不均匀，局部总是劳而难获。

古言说天地人道：人法地，地法天，天法道，道法自然。自然的法则是物竞天择，适者生存。我在天地间，遵守着自然法则。

竞争中求生存，天意不可违，民意不可违。害怕，就是崇法天，卑法地，以一颗敬畏之心立于天地之间。孟子曰浩浩然养天地之气。

我来到世界，睁开眼，就看见父母亲卑躬于田地之中，经受风霜雨雪的侵凌，他们或许一年颗粒无收。我是农民的儿子，他们只是在劳作，日不出而作，日落沉沉而不眠。

母亲没说一句惧怕死亡，死神很快带走了她。她面无痛苦之色，弥留之际无一言一字。生命还有什么可惧怕的。

生死两境界，其他的无所谓。

我开始思想了，灵魂并不高高在上，我用肉身接纳了他。我开始分离混沌，在睡和醒之间思想。

一根细铁链拴住了一头小象，可成年大象还是在跟着牵着铁链的人走，它害怕得忘了挣开，回到它的世界。它于是成为一头任人摆布的驯象。失去了本性的东西就丧失了自我，空壳。

思想两个字，给人的躯体罩上一个华丽的光华。

动物没有思想，它们也活着。人并不知道动物有没有想法。人还是太武断了，太把自己当回事了。人类的机器大肆张扬，自然以一种高速走向没落。不能回复正道，终将后悔。

文明绝尘而去。害怕是心虚的表现。

不成功，便成仁，取义成仁今日事。何畏之有。害怕也好，喜笑颜开也罢，它们是人情绪的表化。动物未必没有情绪，如果没有，大象肯定不会被驯服。

人会被异化，被金钱物欲名望情绪所利用。外化的世界把本性浸染，善恶一念突变，思想被奴役，被绑架。人是有理性的，被情绪所左右、所控制，只剩下一堆皮囊。

害怕是人的情绪，害怕是人的天敌，人类的进化其实就是一步步跨出自信的脚步，不悲天悯人，不回避，不逃避，我们的祖先跳下大树，开始凿穴而居，面对未知，以大无畏的精神，要对付毒瘴虫噬、洪水猛兽，制造了工具，生出了光明，使人类阴影越走越短，上天揽月，下海捉鳖，会当击水，终为世间灵长，在思想的常青藤上，文明的光耀照四海遨环宇，朗朗澄澈。

害怕，我仍然会的。喜怒哀乐，我还是在经受着各种情绪的光临。这样我的脸部肌肉更加丰满，反应更加敏捷。我敏感的神经总让我心里惴惴不安。

我知道这是未知的机缘刺激着我，时不时要唤醒我。害怕有什么可怕的，我会在害怕中找到我心慌气短的根由。

人群中我不善以语言成为众人的焦点，沉默地倾听，我会在别人的阅历中丰富自己。我在文字中自得其乐，偶还能以文交友，试着写一篇害怕在人群中的文字。

我不是没有害怕，我只是硬着头皮在前行。我不在乎别人的认可，这么多年，别人的目光让我看到了人性的渴求。我沉默着，他却希望我能和他聊聊天气，孩子，世界杯。

害怕，他不说话。走开，我们没有交流。我知道，他不会成为我的朋友。我知道，我冷眼看着他。他的思想作茧自缚。

因为，害怕，这个世界就这样戛然而止。这与善恶无关，只是两个人没有搭讪。一切因此错过。

害怕，是人的自我防护本能。害怕要么去逃避，学会长跑的本领，如兔如鹿，一路狂奔，一回头看势不好，脚下抹油，溜之大吉，三十六计，走为上计。

这是示弱，未上阵先下阵，偃旗息鼓，望风而逃，一朝被蛇咬，十年怕井绳。人的本能而已。

要么在害怕面前耍横斗勇，我是无赖我怕谁，不看角色，不识局面，不懂识时务者为俊杰，落得个两败俱伤。

害怕首先是面对陌生，不知其来源底细，不知其本领如何，自己心中没底，避而不见，省却麻烦。再就是思想陈旧，不敢迎接挑战，故步自封，妄自尊大，害怕改变，因循守旧，最后终被淘汰。

我们是害怕，害怕能激发我们抵御的本能，让我们不断了解自我，了解世界，以开阔的思维，强健的躯体，游于世界之中，不唯我，不唯上，才能立于不败之地。

害怕给了人力量，打开了地平线的曙光。

黑夜给了我们黑色的眼睛，我们用它发现光明。

再大的风浪，也会有过去的一天

安如沫

人的生命是无比坚韧的，人的创造力也是无比巨大的，相信再大的风雨，也攻不破我们顽强的心，也不能让我们向它低头，只要活着就会有希望，风雨总会过去，彩虹依然美丽。

人生路上甜苦和喜忧，难免有跌倒和等候，要勇敢抬头，谁愿藏躲在避风的港口，宁有波涛汹涌的自由，再大的风雨，请相信，总会有过去的时候，阳光总在风雨后，请相信有彩虹。

世人都想过舒适安逸的生活，可是，人有旦夕祸福，月有阴晴圆缺，人生之路，曲折而漫长，面对各种风雨，有不同的对待方式。

有的人在遇到坎坷的时候，大哭，悲痛；有的人怨天尤人，抱怨老天是如何不公平；有的人灰心丧气，郁郁寡欢，一蹶不振。

其实人生的坎坷只是暂时的，找到解决问题的办法，那才是重点，这样也能让我们更加成熟、坚强，为自己的家人撑起一片天。

在遇到困难的时候，你们可曾想过，毛毛虫能变成美丽的蝴蝶，就没有经过蜕变的痛苦吗？雄鹰不经过每日每夜的飞行练习，它能在天空中自由飞翔吗？雨滴没有经过无数努力，它能将石头滴穿吗？

没有坎坷就成不了强者，不经历风雨，就见不到彩虹，在逆境中不气馁，不消极，才能有所作为。正所谓塞翁失马，焉知非福。再大的风雨，都会有过去的时候，只要挺过了这一关，等待你的就是胜利在招手。

风雨是每个人成功的必经之路，让我们享受各种风雨的过程，坎坷算得了什么，大不了从头再来！只要我们不退缩，不放弃，风雨总会过去，风雨会让我们变得更加成熟，更加勇往直前。

如果你害怕，选择了逃避，一蹶不振，那你就真正失败了。生活需要勇气，人生中，总有些事情，不管你愿不愿意，它都要发生，在发生后，你只能接受；也总有些东西，不管你躲不躲避，它都要来临，在来临后，你只能面对，还要用积极的心态去面对，不能在风雨中迷失方向。人生如登山，在登山途中遇到风雨，应该往山顶走，固然风雨可能更大，却不足以威胁你的生命。"对于风雨，逃避它，你只有被卷入港湾；迎向它，你却能获得生存。"人生的旅途也往往如此。

聪明人总能在逆境中找寻到前行的方向。要经得起风吹雨打，潮起潮落；经得起摔打碰撞，做到能屈能伸，做到再大的风雨也不能将你打倒。有时风雨只是你成功路上的一个阶梯，只要你越过去了，你就成功了，等待你的就是无数的欢呼和掌声。

抬起你低垂的头，挺起你弯曲的脊梁，振作起来，前进的路就在眼前，希望就在明天。

相信大家都听过田震的那首《铿锵玫瑰》吧，它的歌词写得是真好。

一切美好只是昨日沉醉，淡淡苦涩才是今天滋味，想想明天又是日晒风吹，再苦再累无惧无畏。身上的痛让我难以入睡，脚下的路还有更多的累，追逐梦想总是百转千回，无怨无悔从容面对……因此我们在遇到大风大浪的时候，不能就此放弃，而是要继续奋斗，要深信树想长大，定要接受风吹雨打；人想成熟，定要接受各种风雨。

人的生命是无比坚韧的，人的创造力也是无比巨大的，相信再大的风雨，也攻不破我们顽强的心，也不能让我们向它低头，只要活着就会有希望，风雨总会过去，彩虹依然美丽。

不想输，就别认输

丽日红松林

不怕输，就别认输。这句话给人一种意象，做人就要勇往直前，当仁不让。

有人说我的字典里没有"输"这个字。说的人说得是要强，听的人似乎也就那么回事。石头剪刀布平局也是会出现的，几局几胜总能分出个所以然来。

莫以成败论英雄，输赢会花落谁家。真是几家欢喜几家愁。

输赢是状态，也是结局。输赢是相对依存的，斗钱斗气斗天下，终决出个输赢，赌字应运而生。输赢便有了赌注，赌在里面注定要决出输赢胜负来。

豪气而来，铩羽而归。有何奈何，愿赌服输。

如今人人争钱，个个向上，输赢自有分晓，成败总要见到分明，就连孩子的教育都不能输在起跑线上，这个输字，赌局已开始。

父母摩拳擦脚，调动一切能调动的资源，一切为了孩子，从娃娃抓起，孕教胎教早教学前教，教教有理，发动孩子的所有聪明才智，狠补恶补天天补，补补过关。

孩子成为家长大人的赌资，唯恐输掉了大人后半生的荣耀与体面。人生未开局，输赢已绑架了人生。成败本无种，输赢何足论？

人生未必是一场局，哪里真正能看到终局，我们是江山代有才人出，各领风骚数百年。

殊不知，输赢还有第三种状态：和局。

人生是一场游戏，更是一场没有终点的旅行。游戏的人总是把自己与别人对立，游戏的规则难免倾向于玩得开的，如鱼得水，游得自由自在，可戏需要扮相表演，有多少真实成分在其中，粉墨登场，唱念做打，就是板眼分明，也是生活的镜子，游于其中，何论输赢，本就是落花流水，昨日之谈，即戏在其中，游于左右，不为主角，难入正场，输赢也就在戏中，不可当真喽！

输赢是太在乎一时的利益得失，菜市场的老大妈为鸡毛蒜皮，把生活算计得滴水不漏，利益较量得针尖麦芒，就是争得面红耳赤，小商贩还是乐得收了钱，没砸了摊折了本，老大妈也是菜篮子丰盛家中炊烟四起。

不可厚非的人间烟火，有输赢可谈吗？

站在大是大非面前，更不是论输赢争气斗胜可决定的，没有调查就没有发言权，实事求是权衡，既不能求全责备，也不能盲目执着。

秦皇汉武，千古自有评说。功在当代，利国利民，方可固业兴邦。

我是小人物，更多的是适应环境，迎合时代，输赢不过是一场麻将，一场比赛。顶多是休闲娱乐的茶余饭后的谈资，津津乐道，重在参与罢了。

人生不论输赢，论的是自我突破、超越。

输有何憾，赢有何欢？

人生是一场远远的踏足旅行，不怕输，才能阅天下美景无数。

输赢只是一个带有七彩光圈的肥皂泡，你自以为美丽，自以为人生坦荡荡，自我便凌驾于一切非我的意念，天生我材必有用，用在其时，用在其位。自我是定义于群体中独特而普罗大众的我，狭隘的以一时一地的输赢看待自我的处境，多么可笑可悲。

天地之大只需一席之卧，海纳百川只取一瓢饮。

名利场上你方唱罢我登台，哪有不散的筵席！

输赢不是目的，也不是安身立命的手段。

活在世上，存在许多不可知不确定的因素，坎坎坷坷的道路，从学会独自行走，总有被卡住的坎，世界为啥路这么多？总会让我们找到一条从这个世界走到另一个世界的路。

山重水复，柳暗花明。

路在脚下，揣着从容淡定的心上路，哪怕山高路远坑深，一段路在每个人眼里各有自己的风景。

条条大路通罗马，罗马也不是终极，我们永远在路上，站得高看得远，站在海边，可以亲吻海的清香。

远近高低各不同，风景在眼中，心情在路上。哪道坎哪道梁卡住了你，完全可以全身心的抖抖身上的尘，洗个太阳浴，做顿可口的美食，听风听雨，也是惬意的。

输赢是道无形的链，为一时的得失落寞而寡欢，因为看不到星星的灿烂而错过了明媚的阳光，多么得不偿失啊！

喧嚣的世界，到处人声鼎沸，车水马龙。

人生的格局不在输赢，不在高大上。

我们是卑微的小人物，忙忙碌碌本不可笑。冷漠的面孔，麻木的神经，冲锋的状态，仿佛打了鸡血一般，冷战交锋，唯恐让别人占了先，失了颜面。

我还在这个输赢的世界挣扎，每个人有张笑容可掬的脸，还有一张隐秘而狰狞的脸。端午节已过，屈夫子的路漫漫其修远，吾将上下来求索。上下两个字用得绝妙，精彩，上下是彷徨，徘徊，不是犹豫不决，尽人力而听天命，输赢又如何，终投入江湖的怀抱。

不怕输，不是争强好胜。

活着已不易，何必自寻烦恼，花自飘零水自流，生命在滚滚红尘中碾压，何苦再作践自己。

不怕输，就别认输。这句话给人一种意象，做人就要勇往直前，当仁不让。

我们每个人都在现实的无奈中追逐完美的理想，一个故事可以给人以力量和启迪。动人的故事可以让人动情，还可以煽情。

输赢的故事太多，不怕输的角色很多。力拔山河兮气盖世的西楚霸王项羽，带领千余子弟兵，太刚愎自用，不听良言，不识贤才，傲视天下，又傲慢无知，只知用力不知用智，落得十面埋伏，乌江别姬，自绝于江东父老。

故事用来励志，未必不可。

我们是自由自在的独立个体，丰富多样的人生造就了世界的多彩，王侯将相，贩夫走卒，各有自己一张脸谱，故事是个模，可我们不能顺着走。每个人的身世、环境、教育等因素在其中。

单一的一句话更不能成为人生不变的信条。人要活出自我，在生活之路上寻找自我，突破自我。

千万别认为人生有黄金箴言，撒开脚丫子，奔跑吧，在路上我们各得其所。千万别把人生作为赌注，一念输赢，无形的魔咒就会附身，灵魂不得安宁。

论输赢，会让我们的步履沉重。

我们永远在路上，走得漫不经心，又淡定从容。

第四章

从现在做起，做一个独立的人

你永远也不会知道，舞台上那位白天鹅奥杰塔，曾经在台下磨坏了多少双舞鞋，才站到了王子面前。而我们每个人，都是一份独特的存在，每个人都可以成为舞台上的白天鹅，只不过，你与我，我与她的舞台，不在一处。

上帝对别人的偏袒，只是你的错觉

亭后西栗

你永远也不会知道，舞台上那位白天鹅奥杰塔，曾经在台下磨坏了多少双舞鞋，才站到了王子面前。

"上帝啊！你为何对我如此不公？"

一个女人在圣坛前哭诉，上帝听了，却只是笑笑。

"如果真的有上帝存在，那么，我们都是上帝的孩子，上帝会给我们同等的爱。"

可是，为什么你和她，他和他，这世上的每一个人，看起来都那么不一样呢。

也许，那只是你自己忘了，你和她，他和他，是因为选择了不同的生活，付出了不同的心血，才会有现在的不一样。

一天，丈夫回家时，给苏染带回了两张歌舞剧的门票。苏染毕业于歌舞院校，年轻时的梦想，便是成为一名出色的芭蕾舞演员。

那天，苏染带着孩子从车里钻出来时，刚好看到巨幅的海报，以及那个让她梦寐以求的剧名《天鹅湖》，在下面，苏染看到了一个更熟悉的名字——廖寥。

苏染禁不住打了个寒战，廖寥，这是她同学的名字，苏染从同学的口中听说，她一直在跳舞，却没有想到，会在这种地方和她的名字巧遇。

廖寥，是和苏染同班的女生，长相和苏染一样秀美，专业能力也不分伯仲，她们的老师常常笑称，苏染和廖寥，是班上一对姐妹花，一起去参演天鹅湖，再合适不过。苏染和廖寥都笑着，心里却都不服，在她们看来，只有白天鹅，才能配得上她们优美的舞姿。

毕业后，两人被不同的歌舞团选走，结束了同台竞争的局面。很快，苏染就认识了现在的丈夫，接着很自然的，结婚、生子，走下了舞台，踏进为人妻为人母的生活。而廖寥，想必是一直活跃在演出的第一线，才能将名字写在这样大的一张海报上。

苏染不禁反观自己，虽然也是衣着光鲜身材姣好，可是身边坐着丈夫，怀里抱着孩子，怎么看，她都已经沦为一名全职太太，想到这里，苏染的心仿佛插了一根刺。她看着廖寥在舞台上旋转，飞腾，而她却像生了根一样，呆坐在观众席上，只能贡献艳羡的目光。

不知什么时候，演出结束了，苏染仿佛大梦初醒一般，将孩子塞给丈夫，匆匆跑进了后台，在那里，她见到了还没来得及卸妆的廖寥，苏染夸赞了她，更重要的是，苏染要出了她的电话号码，连带地，也有了她的微信。

苏染在其后很长的一段时间里，都在哀叹着自己的平凡无名。在学校的时候，廖寥和她是一样的，可是现在，廖寥的名字登上了巨幅海报，而她的名字，只能出现在小区物业的业主登记表上。

苏染觉得，上天未免有些不公，对于廖寥，是否过于偏袒了？直到一个安静的午后，当苏染从小睡中清醒，闲来无事翻看朋友圈时，这种一直以来的不满，才得以平息。

廖寥说："大病一场，幸好有爸妈千里迢迢地赶来陪我。"

苏染好奇地问了一句："身边没有别人吗？"

廖寥的回答很简单："没有。"

廖寥没有结婚，因为忙于演出，她的朋友也仅限于剧团之内，看着廖寥在病中的感慨，苏染忽然明白了些什么。而等到晚上，当丈夫回家，一家三口围坐在饭桌前吃饭时，这种恍然有悟的感觉，变得更加明显。

苏染其实是幸福的，她有一个爱她的丈夫，有一个活泼的孩子，有温暖的家庭，她的生活闲适、安稳，丈夫会记得她的习惯、她的喜好，甚至会定期地带她去看一场场的演出，看她一直最爱的芭蕾舞，虽然她已经不再是一名芭蕾舞演员。

这样的幸福，是功成名就的廖寥不曾有的，属于廖寥的，只有杂乱嘈杂的化妆间，灯光刺眼的舞台，看不清面孔的观众，以及一次又一次的旋转，这些光环的背后，是病床前无人陪伴的清冷，卧室里无人相伴的寂寞，以及一波接着一波的疲惫。

于是苏染去探望廖寥，在苍白的病床前，她问廖寥："这样活着，不觉得累吗?"

廖寥只是摇头，微笑着，说这才是她想要的生活。苏染却哭了，她流着泪，摇着头，不知该说她们谁更幸运。

当苏染看着舞台时，她一心想的，都是命运是多么的不公，同样年纪、同样有资质的两人，成就却天地之差，可是她忘了，廖寥用青春岁月，磨炼着脚尖和汗水，换取了鲜花与掌声，而她用美貌年华，享受着爱情与生活，收获了婚姻和家庭。

苏染忽然庆幸，自己能意识到这一点。作为女人，其实她们都是幸福的，只不过，是在不同的道路上，向着不同的方向，没有高低，没有输赢，更无所谓成败，那只是属于她们自己的人生。

很多时候，我们都在狐疑，是不是自己的付出并没有得到报偿，似乎隔壁的邻居比我们的情况还要好，更多时候我们在比较，为什么对面办公室的女人，看起来和我们差不多，却挣得比我们多？

不要轻易怀疑命运之神，他不会无故地张开自己的翅膀，福佑某个人。

你看到的和你一起进入公司的新同事，短短两个月就爬到你头上，不要太恼火，因为你不知道，她曾经辗转了多少家公司，遭遇过多少次倾轧。

你看到和你一起毕业的老同学，有的已经车房无忧挥金如土时，也不要妒忌，因为你不知道，他们曾因为饮酒过量，受了多少罪，吃了多少药。

或者，当你看到路上的年轻女人走下豪车时，不要太在意，因为只有她自己知道，为了这些，她付出了多少心思，陪上过多少笑脸。

没有什么东西是无缘而来的，就像没有什么东西，是无故丢失的，也许你不知道那原因，但你要相信，一切的一切，都是有原因的。

我们都在这个世界上行走着，付出着，收获着，偿还着。当你得到了一样东西，无须窃喜，它的代价，可能在很早之前，你就已经付出了，只不过你不记得，于是你感到这是上帝对你的偏袒。

当然，那代价，也可能是在很久之后，需要你清偿，但你早已忘了曾经得到过哪样东西，于是你呼天抢地，认为命运对你不公。

其实这世上并没有什么偏袒与不公，有的，只是你自己无意识的行为。

我们看不到光鲜的人在暗处哭泣，就像我们看不到落魄的人曾经肆无忌惮地打翻他生命中的甘露，我们看到的，只是别人的表象，与自己的不如意。

而当这些不如意，遭遇了他人的风生水起，我们免不了会在心里感叹一句："上天偏袒！"

可是，当我们自己也走上那条光明的道路，就会发现，那条路上长满荆棘，每一根，都足已划破我们对美梦的向往，我们不禁要问："之前走在我们前面那个成功的人，是怎么做到的？"

看吧，这就是我们和他的不同。让我们退缩的，他走了过去，于是他便在这条路上，风生水起，而我们只能站在路边，临渊羡鱼。

好多次，当我们真正走近一个人，走近他不堪回首的另一面时，才发现，原来上帝的偏袒，只是我们的错觉，我们天真地以为，是他身上的幸运，让他无须努力，便可以光彩照人，却忘了我们每个人都一样，一样是上帝的孩子，怀揣着上帝同等分量的爱。

这份爱装进舞鞋里，能跳出一座舞台，埋进生活中，能收获一生幸福，混合了汗水和艰辛，它便成为我们生命的全部，有的耀眼，有的平淡，有的温情，有的充实，每一分都是那么不同，又都是那么相似，都是那样的——没有偏袒，没有不公，各得其所，各得所偿。

你永远也不会知道，舞台上那位白天鹅奥杰塔，曾经在台下磨坏了多少双舞鞋，才站到了王子面前。而我们每个人，都是独特的存在，每个人都可以成为舞台上的白天鹅，只不过，你与我，我与她的舞台，不在一处。

不要迷信命运，它只掌握在你的手里

流韵

如果能够在努力的过程中做到曾国藩所言的"用志不分，乃凝于神""沉潜之至，天分必高"的清明与至诚的话，那么势必能够不断突破自身的能力边界，最终抵达理想的彼岸。有一句话是这么说的："一切悲剧都源于自身。命运是弱者的借口，强者的自谦。"

梅鸿出世的前一年冬天，久未落雪的南方某山村，忽然大雪纷飞。梅鸿降生那天，更是整日大雨。不识几个大字但听了许多传奇故事的梅鸿家人，总觉得这个伴随异象出生的孩子，日后必然大有所成。活在家人所编织的光芒中的梅鸿，对于自己的未来，也是信心满满。

日子平淡，寒来暑往。小梅鸿渐渐就到了上学的年纪。念的是村里的小学，竞争不大，成绩顶好。村里的老师见了梅鸿的家人，总要夸她的聪慧乖巧。在这样的氛围中，梅鸿念完小学，进了初中，又以优异的成绩考进县里最好的高中。

在不断加大的压力下，梅鸿学得有些吃力，看在眼里急在心里的家人不知如何是好，言语之间难免有些酸讽的味道。梅鸿渐渐怀疑自己的能力，成绩越加跌落。高三下学期，急而无法的梅鸿家人，到庙里抽了一根签，签上说梅鸿高考无望。签上的无望加深了梅鸿家人的忧虑，加深的忧虑又转成怒气发泄在梅鸿身上。怀着一腔委屈的梅鸿，更加发奋用功，终于考上一所不算太好但也绝不差劲的大学。

置身在容纳各怀所能、各有经历的五湖四海的学子的大学中，梅鸿是喜悦的，也是忧伤的，因为她是如此的暗淡。暗淡是梅鸿最不愿接受的一种局面。她可是伴随异象出生的人，她日后必然大有成就。现实，竟是如此让人失望。失望归失望，还是得好好学习的，否则，别说辉煌了，恐怕连眼下的暗淡都会保不住的。

直到有一天，梅鸿遇到一个会看相的老先生。老先生看完她的手相后，下了一句断言："小姐的志向，丫鬟的命。""小姐的志向，丫鬟的命"，心惊胆寒的梅鸿，嘴中默念着老先生的话，十分不甘，试图让老先生再看一遍，老先生只是摇了摇头，慢慢转身走了。

"小姐的志向，丫鬟的命"，怎么会这样？虽然现实暗淡，但是梅鸿始终没有放弃对未来的希望，她始终相信自己能在未来的某一天里大有所成。老先生的话，有如轰顶的五雷般，轰得梅鸿黯然消沉。她的黯然并不是由老先生直接导致的，而是因为她才经历过一场至关重要的考试，对于考试的结果，梅鸿的心里并没有底气。差强人意的结局，坐实了老先生的断言。

即便是再浓郁的忧愁，在时间的冲刷下，也会慢慢变淡。梅鸿的日子，又重归平静，只是自此而后，心里便多了一个解不开的结："小姐的志向，丫鬟的命。这辈子就这样吗？就这样平庸下去，就这样求而不得下去？"后来，又经受了几次类似的一步之遥的求而不得之苦，心中的缠结越变越深，"小姐的志向，丫鬟的命。怎么会这样？怎么能这样？这就是我的命吗？我的命就这么决定了吗？再也无法改变了吗?"

感受着梅鸿激动的情绪，身边的朋友，试图对她进行开解。可是，在梅鸿的娓娓讲述中，前来劝解的朋友，反而落入对梅鸿命运的哀伤中。看着朋友眼中的哀伤，梅鸿心下一动：所谓的"小姐的志向，丫鬟的命"之类的断言，真的有那么可怕吗？而在对"小姐的志向，丫鬟的命"之类的断言做出论断，是否得先追问一下，是谁下的这个断言？毕竟，言语是否具备令人信任的效力，还得看发言的人到底是谁，要知道人们口中带有恫吓性质的"认识你自己"的断言与苏格拉底口中的"认识你自己"的言语有着全然不同的意味。

纵使老先生的论断是有凭有据的，"小姐的志向，丫鬟的命"之类的断言，真就那么可怕吗？恐怕并非如此。"小姐的志向，丫鬟的命"，说的不过是远大志向与平平遭际的冲突，不过是求不得之苦而已。

然而纵观古今，谁曾做出过这样的允诺：求必能得？求而不得，才是题中的应有之义。因为，但凡有所追求，必然伴随风险。然而，追求的风险，并不只是针对个人的困扰，而是事关天下之人的共同苦痛。要知道，无论是大的愿望，还是小的欲念，都有难以达成的时候。

逐日的夸父，填海的精卫，都是求之不得的典范。而对"求之不得仍旧竭竭"的夸父与精卫的歌颂，所暗示的正是人的意义是在追求中实现而非由结果论断的价值取向，由此看去，自刎乌江畔的项羽与完成统一大业的汉高祖刘邦，同样都是伟大的。

既然求之不得，还要再做追求吗？既然命中注定，是否就此放弃？求之不得，仍要追求。事实上，求与得之间，存在着人我的分别。追求与否关乎的是自己的努力，得到与否则是由时机做主的。由时机做主的，无须言语。取决于自己的，则应该努力不废。也许，在追求的最后，可能并不能够抵达预想的目的地。然而，由追求过程中的努力所积累下的包括学识、见解、德行在内的实力，并不会因为结果的不从人意而从自己的身上流失半分。如此，乍看之下似乎未得，实际上却有满满的收获。

如此，即便是"丫鬟的命"，也要有"小姐的志向"，因为唯有确立"小姐的志向"，才能最大限度地提升"丫鬟"的境界。而这仅仅只是对"小姐的志向，丫鬟的命"的断言的一种解读，它还有另外一种解读可能，即远大的志向与笃实的行动。立志不惮远大，远大的志向能否实现，虽有天资因素在起作用，更为重要的却要看个人是否努力。如果能够在努力的过程中做到曾国藩所言的"用志不分，乃凝于神""沉潜之至，天分必高"的清明与至诚的话，那么势必能够不断突破自身的能力边界，最终抵达理想的彼岸。

有一句话是这么说的："一切悲剧都源于自身。命运是弱者的借口，强者的自谦。"回想着这么多年来的经历，梅鸿有些惭愧。这些年来，不能说自己并不努力，但是否真的竭尽全力了，梅鸿的答案是否定的。她更经常做的事情是一次又一次地沉溺在对未来的辉煌的幻想中，并晕眩在幻想的光芒中，轻视眼下的平凡，放弃每一个需要上进的念头，终于在累年累月松弛的念头下，陷进断言的泥潭中不能自拔。

而断言的真正意义却是，志向越是远大，越需要恒久忍耐坚持不懈。可以说，对于任何一个自立自强的人来说，生命进程中的每一个沟坎，与其说是命运对人的戏弄，毋宁说是命运对人的玉成。而梅鸿，在这些年中，于旨在玉成她的命运，是有所亏欠的。

前来劝解的朋友，看着梅鸿眼中忽然愧疚忽然清明的眼神，知道她已经和命运达成和解了。缓缓地，吹来一阵风，风里尽是花香。命运如风，梅鸿如树，有风的树才能经受得住考验，而掌握自己命运的梅鸿才能最大限度地拥有人的尊严！

摔一跤算什么，又不是站不起来

安如沫

生活没有一帆风顺，总有太多的无奈，对待人生的一切，一笑而过，是一种境界；在一个地方摔倒，然后坚强地站起来，是一种态度。朋友，请用这种心态去面对所有的苦难，用微笑去拥抱生活，当你回头回望人生的时候，你会觉得那是你最值得庆幸的事。

也许这些话有人会认为只是说得好听，其实不然，大家都知道蝴蝶又漂亮又能翩翩起舞，五颜六色在花丛中忽高忽低，惹人喜爱。那你可曾知道它们同样也有摔倒的时候，那就是在雨中。

在天空坠落雨滴的时候，是见不到它们的身影的，然而在它们不懂得雨中不能飞行时，同样被无情的雨水淋成了落汤鸡，然而它们没有放弃，而是积累经验，它们只不过是在雨中摔了一跤，没什么大不了，只要站起来，它们照样可以飞翔。

于是它们学会了蛰伏，学会了安静地等待，学会了在雨中遭遇失败后就悄悄地隐退，在雨过天晴时，它们继续展开翅膀，快乐飞舞。

当然，人也一样，同样会遇到各样的事，有的人摔了一跤，便开始怀疑自己的能力，以至于一蹶不振；有的人虽然没有那么严重，但之前的信心早已所剩无几。每个人都有遭遇坎坷、身陷逆境的时候，人来到这个世界以后，就注定要经历各种困苦和磨难。面对挫折，我最喜欢用一句话来鼓励自己："摔一跤算什么，又不是站不起来"。

这句话是一个叫水灵的舞蹈演员告诉我的。那时的水灵是学芭蕾舞的，每天花上十个小时的练习只为了十分钟的舞台比赛。然而竞争是残酷的，她的光环被另一个选手的光环击破了，后来几次比赛，依然是失败。我不禁佩服她的那种积极向上的态度，她告诉我，在她快要撑不下去的时候，她不断告诉自己一句话"摔一跤不算什么，只要站起来，吸取经验，就一定会越走越稳"。

当然水灵也做到了，两年后，她成为芭蕾舞的一级教练，为世人做了很好的榜样。

没错，摔一跤真的不算什么，只要站起来，成功便在向你招手。

曾经的美国总统林肯，他也摔跤过，还不止一次。他摔的次数太多太多，可以说在摔跤的庭院里，他是一个常客，成功的门槛，他总是跨不进去。

但他从未放弃，他选择了激流勇进，最后荣幸地登上了总统宝座，他终于在成功的鞭炮声中绽开了笑脸。

所以一个人的心态注定了自己的成败！

如今的社会竞争力极强，当我们遇到这些事的时候，想想这句话，就会发现，我们的路还长，没有什么值得我们去消沉，像那些困难，挫折，它们最害怕的就是我们坚定的态度。如果连你自己都觉得这一跤你站不起来了，我相信，世上没人能将你拉得起来。

相反，你自己有信心，也许当世人想要劝解你的时候，你已经站在成功的阶梯上，冲他们微笑。

失败是成功之母，如果轻而易举地取得成功，是不会珍惜成功的，失败是一道黑白分明的风景，刺激生命的感官，刺激人向上，它必将一步一步地将足迹镌刻在人生的轨迹上，最后谱写成功的乐章。

人生，从来都不是一帆风顺的，人从呱呱落地起，就要从摔跤中成长。从妈妈拉着你的手，教会你走路，到放手让你一个人学着走路，相信所有人都记得每个妈妈说得最多的话，那就是"宝宝乖，自己爬起来，你是最棒的"。

简短的一句话，伴着我们成长，当我们完全长大成人的时候，摔跤的范围就会越来越大。读书时面临成绩下降，上班时面临领导批评，做生意时面临投资失败等，太多太多。

我们拒绝不了生命中的苦难和烦恼，当它们来临时，让我们把它们当作一次次考验，这样我们就不会经不起失败，才能笑对人生！

生活中总有太多的无奈，对待人生的一切，一笑而过，是一种境界；在一个地方摔倒，然后坚强地站起来，是一种态度。朋友，请用这种心态去面对所有的苦难，用微笑去拥抱生活，当你回头回望人生的时候，你会觉得那是你最值得庆幸的事。

在成为更优秀的人之前，永远不要说自己成功了

亭后西栗

世界那么大，我们没见过的那么多，怎么可以轻言成功？

生命是一条没有尽头的路，成就却像里程碑，一个、又一个，于是拼搏的脚步，不再有尽头，就像漫长的生命，无始无终，伴随着我们的呼吸，生生不息。

初生时，面对整个世界，我们只是一个小小的圆点，就像钢笔的尖端，在纸上轻轻地那么一点，就留下了我们

的生命。

接下来，我们看向这个世界。虽然它很大，但是我们能接触到的，也就是周围的那小小的一圈，所以世界对于我们来说，也就是那么小小的一圈。

后来，我们学着成长，最初那小小的一点，壮大成硬币大小，于是世界也变得更广阔了些，至少，它向我们展现的，有硬币的周长那么多。

随着我们对世界的了解日渐增加，我们与世界接触的圆周，也越来越大，世界便也越加多样复杂起来。不去学习，不去了解，人的目光只会停留在当下，而世界，便也只有那么大一点而已。这时的我们才真正意识到，《礼记》中的"学，然后知不足"，是种什么道理。

于是，便有了"生命不息，奋斗不止"之类的人生箴言，为了让我们的人生插满成功的里程碑，一名又一名志士奋勇前进，只为了造就，那一次又一次的成功。

黄岩小时候认为，成功就是会写字、会背书，上学后，成功变成了努力学习、用心读书，每次考试都考出第一名。再大些，成功的意义又变了，变成被哪个名校录取，有没有在校学生会担任什么职务。

毕业后，成功换了一张脸，变成稳定的工作和越来越高的职位、薪水；没几年的工夫，成功又换了衣服，有房、有车、有妻子、有家庭。

那之后，问题还是接踵而来，孩子是不是聪明？教育是不是成功？仿佛人生的每一步，都要经过成功学的检验，才能算真正地迈出一步。

在人生的短短三十年中，黄岩闯过了这一个个关于成功的问题关，仿佛是一次闯关游戏，每一关，都赋予他一个成功与否的新定义。

之前的岁月，年少轻狂，意气风发，无论谁在那个年纪，都很容易得到满意，很轻易地感觉到，自己是人生的赢家，每一次的成功，都像一枚闪闪发亮的勋章，装饰在黄岩信心满满的胸膛上。

他有了一间公司，经营着自己的生意，不大不小，但在身边的人看来，已经是相当成功了。他也会以"年轻成功人士"这个头衔自诩。

每当听到有人对他说："你年纪轻轻就这么成功，不简单啊！"黄岩总会微笑着点点头。他觉得，这样的评价，他当之无愧。

不过人生总会有大起大落、大喜大悲，一路成功而来的黄岩，也会有失败的时候。在一次投资失败之后，黄岩眼睁睁看着自己走向了身无分文的境地。

似乎只在一夜之间，曾经笼罩在他头上的那些成功的光环，便消失无踪，彻底得仿佛它们从来没有出现过一样，黄岩甚至有些怀疑，他真的成功过吗？

这个问题一提出来，黄岩的心里豁然开朗。

成功到底是什么呢？成就功绩是吗？那么，怎样的结果，才算是功绩呢？有一间公司，有钱、有车、有房，就算是成功了吗？

黄岩一直说，他这个问题问得非常好，问得他一步跨出了成功的泥潭，轻装上阵，踏上了不断进取的新征程。

后来的黄岩，挣回了损失的资金，重新开拓了市场，在旁人眼中，他从一次失败中站起来，走向了更辉煌的成功。

可是，每当朋友举起酒杯，祝贺他的"又一次成功"时，黄岩总是笑着摇头，笑着摆手，他说，那不是成功，他只是没有被失败击倒，他只是，从原地爬了起来，继续前行。他常说："世界那么大，我们没见过的那么多，怎么可以轻言成功？"

其实，我们的一生那么长，可能性那么多，只要我们还活着，无论什么成就，都不能成为我们功名征途上的句号，所有的一切，都只是逗号一般的存在，走过这个，还有下一个，一个接着一个，直到尽头。

当我们取得了一个很小的成绩，攀上了很矮的山丘，前面便会出现更高的山峰，取得更大的成绩，我们常说"走向成功"，可是却忘了，成功并不是一个结果，而是一个不断突破自己的过程。

事实上，每一个让我们心满意足的成就，都只是阶段性的，在此时此地，那时那刻，它是我们的全部光彩，可是随着时间推移，随着周围更大的世界出现在我们眼前，回头看看，身后那块小小的里程碑，又算得了什么呢？

它记录的，是我们俯首耕耘的过去，而不是还需艰难跋涉的未来。我们每个人，都只能像黄岩那样，走在成功的路上，每一步，都是在走向下一个里程碑。

无论是谁，只要还没有合上双眼，还没有咽下最后的一丝气息，很多事，便还有可能。似乎古人比我们更能领会人生的不可预见性，才会有"盖棺定论"的说法。

只有棺盖合拢，人的一生，才会有个定论。

那么，如此年轻的我们，又何谈成功二字？

每日路过身边的众生，比我们优秀的人太多太多，报纸上、电视里、新闻中，比我们成功的人太多太多，可是，他们还在不断前行。

为什么？为什么已经那样优秀，那样成功，却还在埋头苦干努力拼搏？

让人沉思的事实是，越是优秀的人越努力，或者说，正是因为他们的这份努力，才让他们更加优秀。无论何时，无论获得何种荣誉，他们心中都只有一个声音："我还可以成为更好的人。"

"没有最好，只有更好"，这真的不仅仅是一句当年被人说臭了街的广告词，它是我们生命口号最直白、最准确的表述。

说自己成功的人，总会带着一丝扬扬得意，成就对他来说，就像国王身下的黄金王座，让他舒适而满足，仿佛这世上的好，都已然落入他的囊中，于是，他的脸上没有了进取，眼神里没有了期盼，生命里，便不再有新的精彩。

那些总是摇着头，说自己离成功还差得远的人，并非没有成功，只是，他人眼中的成功，离他们自己的，差得太多。他们喜欢在路上一往无前，而不是闲适地坐下来，欣赏某一块雕刻精致的里程碑。

我们都可以成为更好的人，在生命的一次次前行中，不断完善自己，优秀、出众，却不是成功，因为，成功永远不是结果，而是散落在每一段路旁的里程碑，记录着每一份小成就的完成。

比如，成功地烤出一盘糕点，成功地学会一段舞蹈，成功地完成一套方案，成功地谈下一个项目。每一天，我们都会有点小成绩，每一天，我们都在朝着愈加完美的生命迈进，没有终点，没有最好，只有每一天，更加向前，优秀着，用每一时，每一刻，刻画成功。

而当我们真的变得更优秀，便会发现，我们离成功的距离，并没有缩短，它还立在一步之外的地方，笑着招手，催促我们继续前行。

当我们回首时，才发现，所谓的成功，只是一颗甜美的樱桃，被悬挂在我们伸手够不到的地方，吸引着我们走下去，不知不觉之间，我们竟走了那么长的路，埋下了那么多块里程碑，而成功，却还在眼前，触不可及。

我们永远不是那个最优秀的人，所以，在我们的生命里，没有成功这个词，只有在通往成功的路上的我们，张开双臂，慢慢走下去，一路走，一路留下坚实的脚印，成为那个越来越优秀的人，去看更大更壮美的世界。

第五章

相信我，你不是一个胆小鬼

我们每个人出生时看起来都是那么相似，却渐渐地成长为完全不同的人，就像每一片天下独一无二的树叶，就像一根枝条上朵朵都不相同的鲜花，我们都会长成自己的样子，和任何人都不一样的样子。

他人的成功不代表你的失败

亭后西栗

世上没有两片叶子是相同的，也没有一朵花，可以替代另一朵绽放。

"同样的年纪，同样的专业，连成绩都是不相上下，为什么她的项目申报成功，我的却落选了？"

这是孙涵无论如何不能接受的结果。不管她给自己灌下多少酒，这都是一个无可改变的事实，同样的毕业院校，同样的公司，落差却如此这般，孙涵甚至萌生了辞职的念头。

可是她的部门经理却不这么看。那是一个自信顽强的女子，她冷冷地看着孙涵，一字一句地说："不要以为，他人的成功就是你的失败，世界上机会那么多，不要每次都像别人抢了你的一样，你应该找到属于自己的优势。"

"我……"孙涵低下头。她很想说，她找不到，或者说，她们的优势是一样的，而另一朵花，已经提前盛开了。

这种恼人的消沉，折磨了孙涵整整两个月，到第三个月时，因为奶奶去世，自己的状态也不是很好，孙涵请了长假，回到了老家。

奶奶的后事办得很简单，孙涵也乐得清静，除了见见亲戚，剩下的时间，都泡在爷爷的园子里，晒着太阳数花瓣。

"涵涵，这次回来你怎么变懒了？"一天，爷爷靠在老旧的藤椅上，问孙涵。

"没有啊！怎么了？"

"什么没有？往常你回来时，让你在家里好好待几天你都坐不住，这回怎么啦？天天躲在家里。"

孙涵低下头，默不作声。不是因为变懒，她只是有些无精打采的。终于，在爷爷的追问下，孙涵将自己的不服和担忧和盘托出，最后她还问老人，如果每个机会都被别人率先抢占，那是不是她就什么机会都没有了。

可是爷爷只是呵呵地笑，末了，他意味深长地看着自己的花，说："我养了这么多年花，我怎么不知道这事呢？这朵花开的时候，另一朵也在开呀！"

孙涵愣住了。

这样简单的事，似乎每个人都知道，因为每年都有鲜花争相开放，可她为什么从没想到过这些？路旁那一树又一树盛开的春花，白白地开了又落了许多个春秋，却和她一点关系也没有，因为它们是花，她是人，而她，不习惯从自然界感悟生活。

孙涵忽然感到好奇，她真的很想知道，一朵花和另一朵花的关系。于是她选了两株长势很好的月季，摆在了一起。

它们看起来很像，都是一朵花才开，而另一朵，还只是花苞。孙涵将其中一株的花朵剪掉，只留下花苞，很快，这颗花苞便渲染绽放，丰厚的花瓣层叠，美艳饱满，而另一株花朵，先开的花已经开始枯萎，再看那花苞，只是长大了一些。

就在孙涵打算理直气壮地捧着这两盆花去找爷爷评理时，那朵迟到的花苞，竟然在一个夜晚悄然盛开。

第二天一早，孙涵睁开眼，便看到了这朵晚开的月季花。繁厚的花瓣，仿佛柔软的触手，向四下伸展，就像最绚烂的舞者，在晨露的陪伴下，轻摇着舞姿。

孙涵凑了上去，她看到，这朵新开的月季花，就像另一株上的一样，一样饱满，一样鲜活，它也仅仅只是，晚开了几天而已。

它丝毫没有因为之前那朵花的存在而营养不良，更没有因为晚开，错过和煦的阳光和清晨的露水，它的美好，绝不输于同一株上的那一朵，也绝不逊于单独开放的那朵。

"你在看什么？"爷爷的声音忽然从身后响起，"它开花了，是吗？"

孙涵转过身，有些难以置信地点着头。

"呵，呵呵……每朵花都有自己的花时，现在不开，以后也会开的，急什么！"

爷爷轻摇着头，慢慢地走了。剩下孙涵也轻摇着头，看向那朵花。

原来，花开无所谓早晚，就像成功，无所谓先后，只要做到，便是好的。那些在你之前开放的花，成功的人，不是你，所以，请你继续随意向前，肆意绽放。

"世界上没有两片完全相同的叶子"，世界上也没有一朵花，可以替代另一朵绽放。

诗坛有了李白，但还有杜甫，在那个诗歌遍野的年代里，没有谁因为前人辉煌的功绩而停下手中的笔，他们都希望在自己擅长的方面，一枝独秀。

红学有了周汝昌，却还有俞平伯，在红楼一立的笔墨纸香中，用不一样的目光探寻着，解读故事后面不寻常的答案。

有太多太多的例子，太多太多的人，在历史上留下自己的那一笔，无论那张签满名字的长幅上，已经有过多少前人的字迹。

也许我们不那么走运，当几岁的我们意外地发现开水的壶盖会动时，英国的瓦特先生早在二百多年前就发明了蒸汽机，当懵懂的我们发现雨点总会落地，手中的球总坠向地面时，牛顿爵士已经在三百多年前完美诠释了万有引力。

还有随之而来的各项发明创造，所有那些学生们考试时写下的人名，都抢在我们之前，发现了这个，又发明了那个，就连那些古怪的字体，也有人抢在我们前面发明了。

可是，还是有那么多人，在努力地创造着自己的未来。

有了可口可乐，便还有百事；有了中国移动，便还有中国联通。街上有那么多中餐馆西餐厅，却还是不断有店面喊着新开张，就像每一个真正的文学爱好者，看过一本书之后，想的不是"这个故事别人已经讲完了，而且讲得很好"，而是"什么时候我也能写一个这样的故事呢"。

我们已经远离了那个"既生瑜，何生亮"的年代，不再有一山不容二虎刀兵相见你死我活的残酷，这是个可以自由展现自己的世界，在这里，生命多样地生长着，呈现出各自不同的美好。

就像一朵花开，美艳着自己，白色的素净，红色的火热，橙色的温暖，黄色的明艳；就像同样的白色花朵，有的垂首静立，有的温婉依偎，每一片花瓣，都和其他的不一样，不一样的形态，不一样的美好。

他人的成功，不是将我们盘子里的奶酪越拿越少，也不是将世人头顶的星星越摘越稀落，他只是一朵和我们不一样的花，在气候适宜的天气里，比我们早些开放。

他开放了，可是阳光依旧，雨露依旧，微风还是温柔地抚触，我们抬头看看，还能有什么所求。

如果先你开放的人，是水边娇艳的水仙、高墙庭园中的牡丹，那么，何不做一朵山谷里的百合、驿路旁的兰花，在他们柔弱馥郁的时候，清淡、骄傲地在世间走过。

有些花、有些事、有些人，是一时、一刻、一场热闹，而有些花、有些事、有些人，却可以留在文字里，留在传说中，留在历史上。

所以，不要让别人的成功与绽放，成为你停滞不前的理由和借口。

我们每个人出生时看起来都是那么相似，却渐渐地成长为完全不同的人，就像每一片天下独一无二的树叶，就像一根枝条上朵朵都不相同的鲜花，我们都会长成自己的样子，和任何人都不一样的样子。

他人的成功，是属于他人的光环，但光环永远不会成为阴影，我们可以远远地欣赏，笑着说，这些我们不想要，也可以走上前，让那光线笼罩你。

不要担心，它只会照亮你我前进的道路、激励着向前的渴望，成为你我迈向成功的动力，它永远，也不会令我们失败，就像一朵花开后，另一朵花，也会盛开。

有时候面对，比害怕要来得直接

王玉秀

能否勇敢面对，从灾难中看到希望，从挑战中看到机遇，关键在于你自己，不同的看法，带来了不同的结果，从而成就了不同的命运。所以，有时候面对比害怕要来得直接，更能让我们得到想要的一切，包括成功。

在这个世界上没有过不去的坎，有的只是你心里的那道无形的障碍。

那天，窗外风雪肆虐，呼呼北风像是成群的野兽在空旷原野里厮打着，让那摇曳的树枝脆弱得好似要被连根拔起，看了让人心怯。寒风扫过屋顶，一路咆哮着，从窗棂的缝隙里挤了进来。教室里往日高涨的热情不见了，早读课上，朗读的声音貌似脆弱得都出不了教室门，在屋顶的天花板上盘旋片刻就被寒风围堵、压制做成了冰块，一块块地放在孩子们的脚下。一屋的跺脚声让人变得心烦意乱，学习更是无从说起。

此时，早读课老师秦汉生腋下夹着书，脸上红红的鼻子赛跑似的跟寒风一起挤进了教室。冰冷的气温将孩子们朗读声压得很低，因为冷，孩子们连脖子都懒得动一下，就怕寒风溜到他们的脊背上。

秦老师执教四年级的语文和一到三年级的思想品德课程。平时温文尔雅，温和得就像是隔壁卖番薯的王大爷，总是一脸的笑。此时，站在讲台上，他快速扫描着台下的不成一调的朗读声，脸忽地变得阴冷，像是刚被寒风涂抹了般。孩子们见了有些害怕，一时间乱哄哄的教室静了下来，大家都诧异地望着。

"请同学们穿好衣服去操场集合。"面对孩子们的惊疑，秦汉生不多说，带头走在了前面。"我们要在操场上励志十分钟。"

励志？大冬天？寒风下？这种环境也太夸张了吧？孩子们都显得唯唯诺诺，张不开嘴，更挪不开脚。即使秦老师瞪圆了眼，还是有人傻愣着，抱着走廊的柱子干瞪眼。

学校正面是一片学区房，东边是县城的幼儿园，有着半边屏障保护着，雪稍许薄点。可西边是架着团结桥的一条不知名河流，间隔一条马路，就是有名的运河湖畔，呼呼的风雪穿过宽阔的河面，一路狂奔，让学校操场上的高高升旗台都变得渺小，围墙更是看不出往日葱绿的姿色，白茫茫的一片。雪花调皮，在操场上追逐着，一堆一堆种着豆花，一朵一朵开得惨白，就像此时孩子们的脸。

操场上，孩子们怯怯地看着，看着秦老师在寒风中挺直的身板，这年秦老师已经五十七岁。"对于明天，这些都算不得什么。"秦老师脸色苍白，言语却是如此苍劲有力。谁也没有吭声，就这样老老实实地在操场上站了十分钟，或许远远不止十分钟。寒冷冰冻了孩子们年幼的身体，但时间却让他们在这一刻真切地感受到了一场雪化蝶的精灵蜕变。

起初，孩子们都以为自己敌不过那场风雪，操场上更是冷如冰窟。可事实上，他们站得更久。秦老师说得没错，勇敢面对，那些都不算什么。现在想想，在这个世界上，有许多用常理无法理解的事情都被人称之为奇迹，然而，对那些创造奇迹的人来说，奇迹不过是坚定的信念和积极的心态自然而然形成的一种结果罢了。孩子们做到了，站在风雪面前，他们让自己成了强者。

正如生命中的许多伤痛一样，或许并不如自己想象得那般严重。若勇敢面对，或许也不是很痛。但是害怕，低头躲避只会让它变得狡猾，纠缠得更久。揪出它放在阳光下，想是它便与这阳光下的雪花差不多，不会逗留太久。

宿命论是那些缺乏意志力的弱者的借口。法国思想家罗曼·罗兰这样说。

2010 年，邵峰和他的天成企业涌上了辉煌巅峰，为了企业更为蓬勃发展，他和他的合伙人在工业集中区征地 60 多亩，造就了一个崭新的天成钢业，一期投资 2500 万元，8200 平方米的厂房标志着企业发展的另一征途。

2013 年，邵峰带着自己的伟大梦想，以及那些跟随他多年的兄弟姐妹搬进了新厂区，那迎接的鞭炮声响了很久，一切预示着福瑞祥云，飞黄腾达的曙光还没有开始，也就在大家想放手大干一场的时候，他的命运却发生了翻天覆地的变化。2014 年，因为合伙人分股撤资，他不得不搬回老厂。一年前，当他走出老厂区的时候，他绝对没有想到，有一天他还会回来。更可气的是，合伙人占据着长期合作的优良客户，并留下了他最好的机器设备，最好的得力助手，一蹬脚，将他从那个预示着成功的殿堂里赶了出来。

一切跟做梦一样，很多人在背后憎恶合伙人的种种龌龊，叹息他的种种不幸。的确，作为一个商人，还没能够将"成功"两个字成功地写入名下，竟遇到了这样的事情，这不得不让人匪夷所思。是合伙人的奸诈？还是对自己能力的质疑？但这些都已经不重要。现实是，实实在在的是他被赶了出来，还带着一群老弱病残回到了最初的根据地，一片残局，一片茫然。眼前，要么就这样半死不活地熬着，要么就勇敢地去面对这一切，坚持信念，将公司再次做强做大。

他知道，此刻的自己需要的不是同情，而是对命运的抗争，掐住它的咽喉，从而改变命运，他要做命运前的强者。他要让他们知道，合伙人的放弃绝对是一个错误决定，而他也不是这么好打垮的。

命运将他推上了失败的浪尖上，痛自不多讲。很长一段时间，他一直处于萎靡的状态，好似这场噩梦永远无法结束，可现实总是残忍地将他一次次叫醒。在公司，每天他都是第一个来，晚上最后一个走，他不停地加大投入，拉业务找关系，不停地走访各家兄弟企业，为公司争取更多的业务订单。给公司一条活路，就是给工人一口饭吃。

有一次为了争取一家新客户，他费尽了口舌，但是对方态度很明确——不需要。可他不气馁，每次他都和工人将公司产品运到对方的公司里，说用了再给钱。可对方嫌占地，不让放，他就在对方公司边上租了一间小屋子。每天对方要一种，他就送一种，要两种，就送两种。因为产品陌生，对方大多不愿用，他就对对方说，用好了用满意了再给钱，报废的算他的。一个堂堂的企业老板面对这样的困窘地步，他有过害怕，有过退缩，有过脸面纠结，更想过退守他的唯一堡垒那三间旧厂房，慢慢将企业终老。但他知道，害怕资金扭转困难，放弃发展根本不能实质性地解决问题，公司还得继续走下去，那些员工还等着他吃口饭。

2015 年是一个邵峰的本命年，也是他事业再次走上顶峰的一年。他不单保住了现有的客户资源，还成为几家有实力的国有企业的供应商。在今天竞争如此激烈的情况下，这是可遇而不可求的，但是他做到了。这一年，他成了县里的优秀企业家，十佳青年创业之星，天成企业每年以40% 的速度迅速发展壮大，2015 年实现销售 3500 万元，利税 200 万元，但他并没有忘记那些跟他并肩作战的员工。企业条文规定，所有员工都在原有工资待遇上涨幅了 10%，尽管这一年他刚还了合伙人划分给他的 30 万元外债。

现在想来，命运与机遇一直藏匿在我们的脑子里，许多人在自设的阴影里走不出，并非因为他们天生的个人条件比别人差，而是因为他们的胆怯与懦弱，无法抬起头勇敢去面对。不去看，又怎么能知道眼前的困难是大如虎，还是渺小如苍蝇？小的时候，父亲曾讲过阴影纸龙的故事，现在想想，故事告诉我们，只要有耐心，找准目标，一步步地向前，眼前总会出现一片新天地。世上没有绝望的处境，只有对处境绝望的人，只要你能昂首挺胸，所有的拦路虎都会给你让路。刘翔也曾经说过，人生就是一个个赛程，每一个人都可以拿自己的冠军，做优秀的自己，告诉自己，我能，那我一定能。

今天，遭遇糟糕的事情，我们都会懊恼，会痛苦，会彷徨不已，但后面的路还得自己走下去，没人可以帮我们。可面对困难，许多人都戴了放大镜，但和困难拼搏一番后，就会觉得，其实困难也不过如此。人世中的许多事情，只要你想做，大凡都能做到，想要克服的困难，大多也都能克服，而害怕与懦弱只会将困难变强大。好似弹簧一般，你强它弱，你弱它强，道理再清楚不过。解决的办法只有一个，那就是勇敢地抬头去正视它的存在，用我们的智慧与能力战胜它，然后潇洒地离开。邵峰曾对他的员工说过这样的话："在工作中，态度比能力更为重要，态度决定了在职场生存的命运，只要我们勇敢地面对，那些事就都不是事。"

优秀讲师陈浩老师在一次演讲中也提到，看法决定想法，想法决定做法，而做法决定着结果，任何时候，灾难和希望、机遇和挑战都是并存的。能否勇敢面对，从灾难中看到希望，从挑战中看到机遇，关键在于你自己，不同的看法，带来了不同的结果，从而成就了不同的命运。所以，有时候面对比害怕要来得直接，更能让我们得到想要的一切，包括成功。

谢谢在生命里帮过你的那些人

品味精致

感谢在我的生命中帮助过我的那些人，是他们让我懂得感恩与珍惜，懂得生活可贵，懂得情义无价，更学会去理解和帮助他人。走过人生坎坷，历经人生沧桑，才觉得，这些难得而可贵的人和这些雪中送炭不计回报的帮助，并非是为了索求，而是冥冥之中注定的美妙缘分呀！可遇而不可求。

有人误以为生命很漫长，时间走得慢。生命其实很短暂，短短的一生，时间从来不等人，你的年轻也许未曾疯狂过，但也许和我一样，有过些许上帝的恩宠。在生命的不同时期，我们认识各种不同的人。

身边的人，来了又走，换了另一批人来，又走了。大部分人在我们的生命当中只是短暂的停留，而总是有那么几个，即使不是在身边相伴，每当身心疲惫时，每当工作受到挫折时，感情受到伤害时，就会不经意地想起那些曾经给予我们帮助、温暖，给予我们鼓励的人。

彼时，我刚入社会，天真、烂漫。进一家工厂当生产工，不久后便认识了张先生。张先生是台湾人，被外派当经理，指导生产工作，仅因我们同姓，便多了一份亲切感。他把我当作小妹妹，和我时常聊天谈笑，关心我的家人。

一次因朋友让我到三水做文员，当时心想文员肯定比生产工的工作要体面得多。我毫不犹豫地辞职去了三水找到从小玩到大的朋友，却发现上当受骗，竟误入传销组织。得到一位刚认识的同样是被骗来了的伙伴的帮助，辗转才逃了出来。在车上，我很彷徨。那时候家庭环境比较紧张，我很担心回到家后找不到工作。

这时，张先生打来电话，问我新工作怎样。我说我正在回家的路上。张先生没有多问，只说回来吧。我说那多不好意思呀，刚刚才辞职。张先生说怕什么呢，有我呀。结果我不仅仅回去了，张先生还向上面指出我对工作操作熟练、认真、负责任，有较强的管理能力，申请提升我为班长。大家都觉得很意外。后来工厂要应付 ISO 质量管理体系的检查，由于我熟悉电脑的办公软件，张先生和科长又商量着让我来做文书方面的工作，其实就是打印报表，把报告等文书归档放好。工作比之前的要轻松得多。

　　工厂要提升管理员，一个部门只有两三个名额参加考试，张先生又毫不迟疑地把我的名字报上去。可惜我辜负他的期望，没考上。他又向上面提到我工作方面的细致及态度，破例申请我不需要通过考试，直接提升为职员。

　　当时是日资工厂，张先生在学日语，建议我一起学，还送一本日语书给我。后来张先生又送我两本书，证严法师的《静思语》和朵朵小语的《优美的眷恋》。特别是《优美的眷恋》，我多次翻阅，视为珍宝。书的扉页有张先生鼓励的话语，油然而生温暖、感动、阳光和思念。

　　在我彷徨不知所措时能得到张先生无偿的帮助，是我之幸。张先生说，我是他的朋友。是的，我们不是上司和下属的关系，我们是朋友。即便现在他在台湾，我仍在我的城市，也时常会想念他，想念我们一起工作的快乐时光，想念在我错误安排工作时，他会站在我的前面，帮我一同承担责任，更想念他如此看重我、认可我、信任我。感谢他在工作上对我无条件的帮助，感谢他在生活上对我的热情关怀。感谢我的生命当中他曾经的路过，留下了深深的难以忘记的情谊。

　　前面提到的同样被骗去做传销的人叫安。安这个名字，很亲切。会从心底升起一股莫名的暖流。当时年纪小，万想不到青梅竹马的好友会骗我。一个陌生地方，一群陌生人，做些稀奇古怪的事。吃的是菜市场捡来的菜。打电话有人在旁监听，走出外面有人跟着。男的一间房，女的一间房，一个个并排睡在铺着席子的地上。清晨就集合"上课"，一起被洗脑。

一次，讲课的人非要让我站起来唱歌，是安给我微笑，鼓励我，不要怕，最后心不甘情不愿地唱了。他们还是不让我回家，即使我能打电话给家人，监督我的人也不会给我机会让我告诉家人具体的住处。我几近崩溃，哭哭啼啼恳求我的朋友帮帮我，让我回家，却失败了。我太傻，既然骗我来，又怎会轻易放我走？

最后是安。在被洗脑的过程中，安替我说话："你看，她还这么小，天真得很。你们就不要难为她，让她回家吧。"他们还是不肯。后来安问我，是否执意回家。我明确告诉他，非回不可。想不到第二天一大早安便悄悄带着我，并帮我提着大大小小的行李，送我到车站。

我很感动。很感谢能遇到安这样的人。但当时年少，并不懂得感恩与珍惜，也没有深刻地去想，如果，如果当时没有安，或许我的人生已经完完全全不是现在这个样子了。后来只见过安一次。那次后，每一次看到新闻报道传销事件时，我爸就会说，还好那时你回来了，我真怕你回不来啊！是呀，安是我的救命恩人，而我当时只轻轻说了声谢谢。大概他当时也没有想到，自己不仅仅是帮了我，而是挽救了我的一生啊！

我的生命当中给过我不一样帮助的人，有的或许是安静的相伴，有的或许是鼓励和支持，有的或许是远远欣赏。当所有人觉得你不行，总会有那么一个声音跟你说，我相信，你能行的。或许那些只不过是微不足道的帮助，根本不值得一提再提，但，对我的影响很深刻。

在我工作的低落时期，我很自卑。看着大多人都过得很成功。那时在我看来，成功就是有很多很多的钱，住豪宅，开豪车。我觉得自己很失败。当时却遇上了几篇有着独特见解的文字，是那些文字帮我重新找到了自己，重新定位自己。让我重新认识到什么才是自己想要过的日子，什么才是属于自己幸福。只有过自己喜欢的生活，只有做自己喜欢做的事，才是有意义的。这样，人生才不算白走一趟。

感谢在我的生命中帮助过我在那些人，是他们让我懂得感恩与珍惜，懂得生活可贵，懂得情义无价，更学会去理解和帮助他人。走过人生坎坷，历经人生沧桑，才觉得，这些难得而可贵的人和这些雪中送炭不计回报的帮助，并非是为了索求，而是冥冥之中注定的美妙缘分呀！可遇而不可求。

而今，阳光灿烂，岁月静好，离不开那些曾经给予过我帮助的人儿，我想，我会一生铭记，一生温暖，一生向阳，一生念我所念，爱我所爱。再好的感谢，不仅在于过好自己的人生，许给自己一缕阳光的温暖，一阵清风的凉爽，还在于给予别人玫瑰的芳香，云朵般美丽的梦想。

第一步总是很难走

滕亚平

走在灯火阑珊的街头，霓虹闪烁，心绪似五彩梦幻斑斑驳驳。太多的期许已成过往，错过了村庄，错过了班车，错过了爱情，甚至虚度了人生。蓦然回首，遗憾总在不经意间袭上心头。其实，很多时候，因为错过了第一步，才使人生绕了弯路，偏离了梦想的轨道。事实证明只有把握现在，你才可能拥有未来。

人生要经历无数次的第一步，我们面临着无数次的选择，我们把握住机会，即便失败，也是一笔宝贵的财富。相反，畏首畏尾，恐惧失败，最终定会一事无成。做什么事都不可能一蹴而就，很多人每天都面临着很多选择，每天都在经历着第一步。有的人面对选择犹豫不决，结果成功与之失之交臂；有的人面对选择，毅然决然，即使行进的途中被折腾得精疲力竭，坚持对的，改正错的，一路走来，终有收获。也所谓万事开头难，印证了第一步总是很难走的。成功是由无数次失败的第一步累积起来的，不经历风风雨雨的第一步，又怎能见绚烂的彩虹？

经历了从无知到精通的专业成长历程，你就会明白：第一步很难走并不可怕，可怕的是你无动于衷，畏缩不前，你永远不可能享受到奋斗和成功的喜悦。

走出第一步，你才会发现未来路上的好风景，你的人生才会出现与众不同的精彩；若是原地踏步，将会面临被超越甚至被淘汰的危险。因此，与其原地担惊受怕、裹足不前，日后后悔，不如当机立断、说干就干，背起行囊寻梦大干一场。

你还在犹豫不决，担心失败吗？告诉自己勇敢一些吧！谁都可能面临失败，但我们不可以被自己打败！勇敢地面对自己，面对生活，勇敢地迈出第一步，你离成功才会更近一步。

小时候学走路，要迈开第一步，你才知道脱离父母的帮扶，自己也可以独立行走；跨进学校第一步，你才会感受到校园的美丽和学习的快乐；就业第一次领薪水，你才会体验到工作的乐趣和自身的价值。

无数次的第一步，让我们明白遇事不能退缩，勇敢一些，再勇敢一些，即使遭遇挫折，也是未来成功道路上的铺路石。

也许你习惯按部就班，被动地接受别人安排的工作，日复一日地重复着生活轨迹，从不想着尝试新事物，不尝试改变，对自己和工作没有合理的预期和展望。这也是惧怕新事物第一步，对于新生事物，我们从未接触过，并不代表我们接受不了。关键在于我们是否心甘情愿去接受新生事物，是否敢于跨出这第一步，就像在同一起跑线上的两个人，谁先迈出第一步，谁就有可能掌握主动权。

路程再远，也要从脚下的第一步开始，要勇敢地迈出第一步，走了这一步，再走下一步，直到抵达所要到的地方。给自己的生活和工作制定一个目标，不管要达到什么样的目标，我们总要勇敢地迈出第一步，不管未来是成功还是失败。如果我们害怕失败不敢迈出第一步，那我们永远不可能成功。

第一步总是很难走的，我庆幸自己勇敢地迈出了创作网络文学的第一步，而且在这条路上越走脚步越坚实。

喜欢文字是很久以前的事情，喜欢阅读中外名著，喜欢把读书的喜怒哀乐倾注于笔端，喜欢洋洋洒洒记录生活的真善美，单纯地喜欢，我执着地爱着，执着地记录着，厚厚的记录本塞满了我的三层书柜。

我在文字的世界里惬意地畅游，一直徘徊在梦想的天堂里。

一次偶然的机会，浏览百度网页，看到了"××杯"全球华语新锐小说大赛的征稿启事，最具诱惑力的字眼：最高奖金 10 万元。同期举行的还有"××杯"散文诗歌大赛，大赛总奖金 5 万元。第一次知道文字原来这么值钱，也许说钱是一个很俗气的话题，我当初就是鬼使神差地费了大半天功夫注册成了××网站会员，先参加短篇"××杯"的散文征稿，参与论坛互动，渐渐熟悉了论坛、短篇发文流程之后，我开始酝酿写长篇小说。

我知道自己有几斤几两，写长篇小说也是一个天方夜谭。我是一个"电脑盲"，最多是浏览一下网页，看看新闻、电视剧。一分钟能成功输入十个汉字就阿弥陀佛了。平日修改学生作文都不知从何处入手，往往在看到学生作文之后，脑袋都大，总是觉得孩子的作文写得很垃圾，就是不知道从何处改，不知道怎么评论。一个地地道道的"脑白痴"，一个连小学生作文都拿不下的人竟然敢冒险写小说？别人听说了，不笑掉大牙才怪！

我不敢声张，夜里等老公和儿子熟睡以后，我就溜进书房，打开电脑，登录网站，浏览小说。看看人家的小说是怎么写的，写的什么。上百度搜索成功的写作经验，以做参考。琢磨来琢磨去，就觉得别人的小说写得精彩，经验很实在，想套用过来，却比登天还难。毕竟自己一点儿实践经验也没有，再加上不会打字，学习的结果只是唏嘘不已，自叹不如。

自卑让我对网络文学望而却步，好奇又让我跃跃欲试。网络文学异军突起，成就了一批又一批网络大神，作品动辄百万字，粉丝超百万，大神们的收入也是水涨船高，令人高山仰止，千军万马趋之若鹜加入浩浩荡荡的网络写作大潮中。

我也战战兢兢地挤进了这个浩浩荡荡的创作队伍中来，迈出了创作网络文学的第一步。网络文学是一望无际的海，我抱着一个不合时宜的游泳圈义无反顾地跳进了深不可测的网络之海，很幸运，我流落到一家颇有名气的网络纯文学航母。在那里，有专职的责编指导我选题，帮我分析网文市场动向，经常推荐我参加各种写作培训讲座。

2014 年初，我开始在网站坚持每日更新发文，当初没有人点击我的小说，每日点击量也就是我自己在翻看，像是自娱自乐。我想着要放弃，文友的鼓励在耳边响起，责编每日督促我更新，鼓励我说万事开头难，多读，多学习，多练笔，慢慢就会好起来的。一路走来，我在朋友们的帮助下坚持在网络文学里寻求突破，经常充电学习网文创作的技巧，努力超越自己，并迫使自己尽快成长起来。

功夫不负有心人，我从传统创作的小写手逐渐向网文创作转型，逐渐适应社会发展的需要，创作出处女作青春小说；从一个"脑白痴"变成一个专业的编辑，从一个畏首畏尾的胆小鬼变成一个勇挑重担的女汉子。

这期间经历的每一步虽然饱含辛酸，但是我从来不后悔当初迈向网络创作的第一步。既然选择了，我就不后悔，人活着，就应该不断接受新事物，不断完善自己，紧跟社会前进的脚步，人生才有意义。美国作家莫顿·亨特在《走一步，再走一步》文章中讲述五十七年前在悬崖脱险的经历，告诉我们只要勇敢地迈出第一步，战胜一个个小困难，再大的困难也会被我们征服，毕竟没有比脚更长的路。

其实，很多机会都需要我们主动去把握，只要勇敢地迈出第一步，坚持不懈走下去，纵然坎坷，也值得。

第六章

当我们知道一些道理

平平淡淡才是真。诗人汪国真曾这样写道："尽管，我有时也祈求，有一个让生命辉煌的时刻，但是，我更乐意，让心灵宁静而淡泊。"外面的世界总是很精彩，但外界生活的简朴，才能带给我们内心世界的丰富。在人生画面上，简单是最难画好的一笔。

人生需要鼓励

一介

人的本性总是向往美好温暖一面，在正常情况下，人都渴望积极的人生，即使不得不面对负面影响，也是为了向着积极迈进。而鼓励无疑是人类迈向美好温暖生活的动力源泉。

初三那年第一次期中考试，我成绩不是很理想，正难受失落时，班主任却奖励给我一本笔记本，扉页用钢笔写着大大的几个字："成功一定属于你"。时隔很多年，已变旧的笔记本仍被我珍藏。班主任寥寥无几的鼓励一直激励着我。即使是中考成功后就读了满意的高中后，依然激励着我不断努力、进取。时至今日，我仍非常感激，铭记于心。

高二时，写了一首小诗投给学校的广播站，用了笔名。当我偶然听到广播里传出女声阅读我的小诗时，那种欢呼雀跃，好像心快要跳出胸膛。同学们好奇追问是谁的笔名，我内心更是开心，只是不愿说出。这份莫大的鼓舞在我心中，深深地影响着日后我对写作的热爱。

那时写作已近十年，却是毫无成就。偶或在网上发点小文，读者不多，却很真诚，时常鼓励我。其中一人，素未谋面，经常指出我文章的缺点，毫不留情。我便有了小情绪，直到后来才明白他的良苦用心：为了让我写得更好。后来有幸出版一本书，他一口气买了十本，说是送给他的朋友。那份灵魂上的认可和行动上确确实实真正的鼓励，更让我坚定写作这条路。为此，风雨无阻，结果如何，终无悔。

可见人生需要鼓励，是毋庸置疑的，小到一个婴儿学步，初学走路的宝宝总是在大人的不断加油声中跌跌撞撞开启人生的第一步，大到带兵打仗，历史上名将都懂得鼓舞士气。具体到我们每一个人，谁没受到过大大小小的鼓励呢？孕妇是在医生的鼓励下生下宝宝，死者在亲人哭声的抚慰下，走远。

那么，为什么人生需要鼓励呢？心理学研究证明，获得别人的肯定和夸奖是人类共同的心理需要。从人性角度讲，"人心均有其漏洞"。每个人在漫长的人生旅途中都有软弱和脆弱的时候，每个人都会遇到这样或那样不顺心的人和事，每个人都有可能遭遇天有不测风云、人有旦夕祸福。

人的本性总是向往美好温暖一面。在正常情况下，人都渴望积极的人生，即使不得不面对负面影响，亦是为了向着积极迈进。而鼓励无疑是人类迈向美好温暖生活的动力源泉。一旦这种心理需求——鼓励得到满足，带来的必定是好的影响，无论对自己或他人。

既然鼓励必不可少，那么如何鼓励最有效呢？教育专家常常给出家长建议：在表扬您的孩子时，别太单调，很多家长只有那么几句话："宝贝，你真棒""加油，宝贝"等，孩子听得多，便无效。专家给出99种鼓舞孩子的话，来达到预期效果。可见鼓励并非我们想象中的那么简单。

鼓励还包括言语鼓励、肢体鼓励和实际行动鼓励。言语鼓励最好理解。在别人需要鼓励时，送去一句温暖的话，再加上声音柔和动听，定会如春风般吹进人的心里，让人舒服展眉一笑。肢体鼓励，诸如拥抱、拍拍肩膀、亲吻、加油手势、眼神示意等，可在言语不方便表达时起到润物细无声的效果。很多时候我们心情不好，并不愿过多说话，这时，只要别人给我们一个温暖的拥抱，或一个加油手势，告诉我们，一直有人与我们同在，他们愿意帮助我们，只要我们需要，就会来到我们身边，这时，我们的心是暖暖的。

记得一个满天繁星的夜晚，我和好友坐在学校操场的草坪上。那时我正难受，心情抑郁，好友想尽办法逗我开心，我却回了她一句："走开，别烦我，你这些话对我一点儿不管用。"她一愣，脸上尽是失望，但她并未走开，而是默默陪伴着我。不知过了多久，她轻轻拍了下我的肩膀，用手指着天上的繁星给我看，一面说："看见那颗最亮的星星了吗?"我好奇地抬起头，顺着她手指的方向，莫名地看着那颗最亮的星星。她接着用温和的语气道："不管你遇到什么事，我都会像那颗最亮的星星那样，一直陪伴着你，看着你。以后假如我们不得以分开，显然是必然的，请你记得我，那颗最亮的星星替我守候你。"

我刹那间滚下两行热泪来，所有烦心事烟消云散，而且一直刻骨铭心记到今天。如她所言，我们各自有自己的城市和家园，但友情一直延续，并且时时温暖着彼此。

实际行动鼓励，很难得。时常听到一句话："我精神上支持你"。那行动上呢，未必了吧。付出行动，是要花费自己的心力精力和时间的。甚至必要时候做出一定牺牲。然而为什么还会有很多人不计回报去鼓励别人呢? 因为"赠人玫瑰，手有余香"呀! 在鼓励别人的同时，自己的心灵亦是美好而温暖的呀! 有时还会有意想不到的收获呢。

读书时，在女孩子中，我数学算不错。很多女孩羡慕我，我也没太当回事。数学的确对我易如反掌，因为我喜欢嘛。喜欢的事再难，也会去克服、战胜，随之便会变得得心应手。

我从未想过数学的难度会让另一个女孩掉下眼泪来。

又一次模拟考结束，老师在讲台上发卷子，报分数。之后讲卷子，下课。下课在走廊上却发现一个女孩在哭。她与我座位相隔较远，因而平日里并无交流，但她无声的哭泣忽而让我的心一软。我给她递去一张面巾纸，让她擦去脸上的泪，然后她告知我，她很努力了，但无论怎么努力，数学就是考不好。她已经不知该怎么办好了。我当即脱口而出："没关系，我来辅导你，其实学数学是有一些方法和技巧的。相信你一定能迎头赶上。"她这才破涕而笑。

想不到以后我们成了最要好的朋友。一路结伴，更多时候，是她温暖着我。每次相隔太久的见面，她总是提及初次交谈，提及我对她的帮助，让我十分不好意思。这件事让我明白，鼓励是人与人之间美好关系的开始。你好我好大家好的事，何乐而不为呢！

鼓励有很多种，实事求是的夸奖是雨露滋润心田；充满情感的赞美是鲜花朵朵绽放；雪中送炭的认可犹如及时雨，清新大地一片风光；真诚的勉励如阳光，等等。

古今中外，鼓励是人类心灵的甘泉。即使自己的心灵清澈明亮，亦让别人的心温暖美好。鼓励是开启人与人美好关系的一把钥匙，是形成和谐而温暖的社会的一把永不熄灭的火。

人生不是输在起跑点上

一介

人生不是输在起跑点上，也不必赢在转折点上，而要跑在恰当的时间点，遇见有缘人，成就一段精彩无悔的旅程。人生不在意输赢，而要美在像植物一样生机盎然，与自然万物共同构筑美丽世界。

请拿出一支笔和一张纸，然后用这支笔在纸上画一条线段。线段长短由你。线段长短代表生命长度，部分由天部分由你，最后把笔尖停留在线段的起点。

生命的起点，生命，我们无从选择，我们呱呱坠地，对世界对自身一无所知。我们无法选择父母，而父母的处境早已决定了我们所在的起跑点。

有幅漫画，在同一条起跑线上，有人赤脚准备起跑，有人坐在小轿车顶端，车里有胜券在握的父母，有人开着火箭，只待一声枪响，一飞冲天。

以此来说明这是一个拼爹时代。爹妈好，则起点好，起点好则赢。然而他们都忘了，人生是长跑，而不是百米冲刺。他们不过是赢了百米冲刺。无论是美国第一飞人、短跑名将加特林，还是中国妇孺皆知的刘翔，他们在跑完短跑收获鲜花掌声和荣耀后，还得面对人生的长跑，逃不过的，谁都一样。

漫画中赤脚人看似最弱，出身普通，没有爹妈的财力物力相助，但如果他之前坚持不懈地努力，极尽可能丰富自己，即便他没有上帝赋予的才华，也能凭借自己的踏实和努力走出一片天地来。那时他会站在他的天空下，油然而生自豪感。他的天空是他一手打造的，他的努力让他和他的家人共享蓝天白云。这难道不比那些站在爹妈肩膀上伸手便可摘到的成功要成功得多吗？

事实上，一个人天生再有才华，或后天再努力，或爹妈再好，或情商再高，也并不能保证他总是赢家。没有永远的赢家，也没有永远的输家。因而即使输在某个点上，也可在另外某个点上再赢回来。然而话说回来，输赢真的有那么重要吗？

当时代的步伐越来越快，真正可贵的并不是那些所谓当前的成功人士，而是停下来开始真正思考的人。总结过去，思考当下，未来还得顾及。思考自己是谁，将要做什么，生命对于个人的意义和价值是什么，怎样过一种富足和心安的生活，而不只是活在别人的期望中。自己的人生也绝非展现在精美橱窗里的出售物品。

可见起跑点之后的之后，有很多机会和机遇，有很多转折点，还有很多挫败点；有很多关键点的选择，甚至是错误的选择。而起跑点，只是一个点，人生漫长旅途中的一个点。如何巧妙而合理地串起这些点，感悟生命之美好，成就无悔人生，才是世间美好。绝非将眼光停留在输赢上。输赢不过是某个过程走向的一个自然结果而已。这个结果由过程决定。就像秋天的苹果树，苹果挂在枝头固然诱人，但一树花开的美丽，不也让人心生向往之念吗？冬日里养精蓄锐的根和枝，不也是来年秋天结果必经的一个过程吗？

而人生更是复杂而漫长的一段旅程。对各种心灵鸡汤，励志故事，虽有深浅程度的阅读，却不甚喜欢。这世上总是有不少人，试图寻找一种一劳永逸的办法，来消除人生所有的不快。就像童话故事的结尾："王子和公主从此过上了幸福的生活"。文学作品总是在故事最美好时戛然结束。而现实是，只要你还活着，一切还在继续，一切必将继续，循环往复。大人们并不相信童话结局，却愿意自欺欺人去相信所谓心灵鸡汤，去相信别人的成功可以简单复制粘贴在自己的人生里，岂不好笑又令人心痛吗？殊不知那不过是含有商业目的的商业炒作罢了。

众所周知的历史人物诸葛亮，是忠臣和智者的代表，不仅在艺术方面，诸如音乐书法绘画文章等方面颇有造诣，在政治经济军事亦是行家。不过在刘备三顾茅庐之前，除却诸葛亮几位好友颇为看重他，并无太过名声威望。诸葛亮虽然出生官吏之家，诸葛氏亦是琅琊的望族，但诸葛亮三岁时母亲病逝，八岁丧父，跟随叔父诸葛玄到豫章赴任太守一职，后来叔父太守被取代后又病逝。诸葛亮平日勤奋好学，思想独到。娶了一丑妻，一度被人传为笑谈，直到他后来功成名就，才被人称为传奇。其军事生涯亦是起起落落。诸葛亮这般才华横溢，满腹学问，上知天文下通地理，仍有许多不可控的因素影响着他最终的远大抱负。他并未实现真正的一统天下。甚至有历史学家扬言正是他的存在使得天下统一、万众归一的和平时期延迟到来。

但是谁能说谁敢说有谁会说诸葛亮是输家、失败者。他起跑时没有跑在别人前头，而是跑在恰当时机，遇见刘备，助他行走在他理想抱负的路上。虽终未至终点，但其过程何其精彩绝伦、独一无二，留下多少佳话美谈才智轶事，还是一笔可贵的精神财富。

在人生这段长跑中，最好能在起跑时，有意慢别人一点，给自己更多时间去想清楚自己到底要什么，在慢跑中悟出自己到底将要成为一个怎样的人。不要让大众流行来左右你的步伐和方向，哪怕是速度，也应该由你自己来决定。不要今天这个专家说要加速加油，你跟着全力奔跑，后天那个专家说慢步更易健康养生，你便慢如蜗牛。大可不必全信，信一点，疑一点，信的那些，是你在拓宽你的视野，增长你的见识，怀疑的那部分是你的独立思考。若真是专家一定支持你的怀疑，而那些武断你怀疑的专家他自己的人生未必赢时居多。

可见，人生不是输在起跑点上，也不必赢在转折点上，而要跑在恰当的时间点，遇见有缘人，成就一段精彩无悔的旅程，人生不在意输赢，而要美在像植物一样生机盎然，与自然万物共同构筑美丽世界。无论外界环境恶劣与否，都能做到像植物那般去呈现生命之绿意，花海之绚烂，根部延伸之牢固。我们可以像大樟树学习，学习它的枝叶，不断向着天空仰望，向着阳光生长；学习它的根部，紧紧拥抱大地，打好根底基础，不怕暴雨狂风；学习它一年四季常青，淡然安定地接受季节轮回，时光荏苒。

最后请再画出一条线段，但请拿出彩色笔，用点画法的形式画出这条线段，你会发现它真美，像五颜六色的繁星点点。在画的过程中，你还可增加它的宽度，弯度，每一点都是一个新的起点，一段新的开始，有出生的点，有上幼稚园的点，有上小学初中高中大学的点，有初恋的点，有初次工作的点，有初次收获成功喜悦的点，有接受失败的点……弯出去的那些点，有些是你给自己的奖赏，比如一次说走就走的旅行；有些是你对自己错误的标记，比如初次谈情说爱时，伤害了一个人。

你还可以延长这条线段的长度。从生到死这段长度，努力做好自己，让它在未来能够延伸得更长。在生命结束之后，依然能在别人的记忆里，大放光彩。未来的某一天，一定会有人用五颜六色的笔在你这条线段后面画上许多虚线，虚线上的每一个点，都是同你一样灵魂的延续。

你和你们，我和我们，他和他们，共同绘制了一幅多彩生动的画。画里有很多很多人的美好人生，与输赢无关，与一个飘香的灵魂有关。我想你和我一样，舍不得放下它。

有时候，努力并不是说说而已

泥屋

努力选定方向也很重要，选一个自己认为适合，自己喜欢并且愿意付出的这么一件事，然后脚踏实地地干下去，在每一个清晨黄昏，在每一个鲜活的日子里一路笑着走下去。

　　了解我的朋友应该知道我平常写字总有点孩子气，当真正我面对这样的一个选题的时候，我必须很严肃、很认真地对待此事，因为我可以在自己的世界里玩笑逗乐，但在大庭广众之下，我要保持一个成年人理所应当有的理性，好像说了这么些，和题目一点不沾边，其实我是在向你们打声招呼，问候一声在看到这篇文字的朋友们，希望你们知道世界上有这么一个人，他愿意用他闲暇时分的一点点宝贵时光，用他非常口语化的文字，向你们表达或者倾诉他内心的一些独白或声音。

　　我并非擅长讲故事，自认为自己的故事也并非太多，但有一些总会让我刻骨铭心。这么些年生活的经验告诉我，很努力的人总是话少，他们把说话的力气都用在了做事情上。他们之所以有所成就，我想他们不但努力，而且还懂得合理安排自己的时间，哪些是最棘手的，哪些是次要的，甚至都能够知道，哪些是无须去做的。

　　有时候我甚至想，跟一个人讲了半天道理，到最后他一句也没听得下去，现在我总算理解并明白了当一个老师的用心良苦，每个老师我相信他们的苦口婆心都希望能够得到一些回报，当然我不想做你们的老师，只想做一个和你们谈谈心、说说话的朋友。

　　说实话，在文字方面，我至今都没有在任何一家杂志或报刊上发表过一篇文字，所以在这方面我没有发言权，但在生活里我还是能有点话可说的。不说从前，就说最近，我是机械厂的一名普通工人，我是开铣床的，同时也开线切割机床，当然这是我一直在做的事。不过最近老板还让我干加工中心，实际上加工中心就是数控铣床，前几年我也偶尔零星做点小活，但长时间不碰，让我心生畏惧，甚至想拒绝老板的要求。你可以想象拒绝老板，使得老板也没给我好脸色，我之后通过请假休息了两天。当然那两天身体不舒服是一个原因之外，还有一个原因就是拒绝挑战。在那两天时间里，我终于想通，并在最近也顺利完成了工作任务，其实没有什么可怕的，有些恐惧，纯属自己吓自己。

说说这些话，实际上也是一种做事，我真的很努力，我说我身体不好，但比很多身体好的还能肯吃苦，知道什么原因吗？因为我知道，生活也如逆水行舟，没有进步实际上就是一种后退，我不想再过十年还是纹丝未动。让自己前进的最好办法就是郭富城的那首歌《动起来》。

你动起来了吗？如果你久久不动，还想听我讲话，那我再讲讲道理，说说故事。

其实这个世界上真正有成就的人是那些有实力的人，他们的实力从哪来？完全靠自己多年的努力，当然这世上有种东西叫作运气，事实上没有实力做基础的运气，那运气不会长久，你不要不相信，这几年的一些风云人物还不能说明一些问题吗？当然一种乐观的心态也是实力。再比如，一种能够克制自己的意志力，如果仅仅把一技之长叫作实力，那实力是不是也太肤浅了呢。这天下，实力需要努力，还需要保养。

如果还嫌不够，我再说点。有时候努力刚开始时，是说说而已，但说说之后就得想办法去付诸行动，不说别人，就说我身边人，我的两位老板。他们当初是在同一家机械厂工作，一个做检验，一个做工程师，两个人又同一宿舍，很偶然的一个夜晚，两人兴致一起说咱们也开个厂怎样？就这么一拍即合，没过多久，两人各投了十万余元就这样在自家门前开了起来。最初的困难，这天下所有创业人最初的艰辛恐怕都一样，都是一样的难，甚至有过差点做不下去的危险。不过，总算熬过一个十年，以后的日子呢，我相信他们会一如既往地带领着我们这帮兄弟们一直走下去。

说说我自己，之所以这么痴迷文字，因我身体不是太好。我想最多的不是现在，而是将来万一哪天身体不是太好了，体力劳动坚持不下去时，起码我从现在起努力做点脑力劳动，说不准将来对于我而言，是个可以维持生计的机会。但也说不准，将来身体会有所好转，这也很难说。不过，从爱上文字的那一刻起，我就决定与它厮守终身了，而且无怨无悔地做下去。

如果不嫌我啰唆，我可以再说几句，努力选定方向也很重要，选一个自己认为适合，自己喜欢并且愿意付出的这么一件事，然后脚踏实地地干下去，在每一个清晨黄昏，在每一个鲜活的日子里一路笑着走下去。

爱到最美是陪伴

评品人生

有句话说：两情若是长久时，又岂在朝朝暮暮。其实我要说，两情若要长久时，就必须朝朝暮暮。世界上最爱你的人，一定是愿意花时间陪伴你的那个人。

前不久，看了在北京卫视黄金档热播的电视剧《婚姻时差》，剧中真实演绎了当下不少家庭的婚姻现状：丈夫在国内工作，妻子陪孩子在国外读书，情感时差诱使成功人士爆发中年危机，坚如磐石的婚姻面临走向末日崩塌的险境……这部剧的看点就在一个"差"字。"差"字，直接戳中了现代人情感世界的痛点和婚姻生活的"七寸"。人生如剧，剧中人的经历，就是现实生活里男男女女们自己的经历。剧中人所表现出来的"婚姻时差"，究竟"差"在哪里呢？差就差在对感情的付出和呵护，差就差在对所爱的人缺少更多的陪伴。

也曾看过电影《北京遇上西雅图》，作为美食编辑的文佳佳，在片中是个漂亮却可怜的小三，她的男人是大款，但没离婚，她却有了他的孩子。那时，她走了一步险棋，只身来到美国的西雅图，想把孩子生下来。她以为，只要有了孩子，她就能抓住那个男人。人都说女人一生中会有机会做十个月的皇后，那就是怀孕的时候。这个时期正是需要有人陪，有人爱，有人宠的时候，可是这一切，她都没有。当她孤零零地来到陌生的国度时，"她的"男人却不在她身边。当心中无数次的幻想破灭后，她在绝望中醒了：世界上最好的男人，是可以每天早晨跑几条街、买她最爱吃的豆浆和油条的那个人。是的，世界上最好的爱，是陪伴。

很久之前，朋友圈里有人分享了一个链接，题目是什么记不清了，说的是一位老外对中国人的印象，大意是中国人都特别能吃苦，为了生活、为了钞票、为了孩子、为了房子什么的，夜以继日，很勤奋、很努力。而且，只要能挣到钱，可以主动要求加班加点，可以自愿放弃旅游休假，可以长时间忍受夫妻分居，可以狠下心来把嗷嗷待哺的孩子丢给家里的老人，可以风烛残年的双亲独守空巢独自承受寂寞。可悲的是，这种置亲情于脑后的行为，却往往被国人被贴上"为了家庭"的标签。每次看到中央电视台公益广告"爸爸的谎言"时，都有种难言的心塞。当"爸爸的谎言"在现实中不断被验证时，却又感到心有余而力不足。就业的压力，谋生的需要，已经让我们离开自己的本土、自己的家园越来越远，让我们原本团圆的家、温馨的家变得支离破碎、罅隙丛生。能远行的，都走了，只有老人、孩子在家乡守望。"留守老人""留守儿童"就这样横空出世了。

陪伴，是人与人之间爱的最基本表现。有人说过，父母和孩子一起成长，和子女一起营造完整的生活，完整的生活即是好的家庭教育。有个小孩，上四年级，父母平时忙工作，很少陪自己。后来，孩子参加了学校的篮球队。一天，孩子告诉妈妈，说老师夸他球打得不错，然后恳请妈妈放学去接他并看他打次球。或许是工作太忙了，妈妈一直没有出现在球场边。孩子很失望，打球时心不在焉，不在状态。老师及时发现了孩子的变化，悄悄拨通家长的电话，说，"应该来看孩子打球，只要你到球场边站一下就行！"听了老师的话，孩子妈妈立即放下手头的工作赶往学校。当妈妈出现在篮球场边并朝自己招手时，孩子的眼神立即明亮起来，立马精神焕发，球打得行云流水，酣畅淋漓。虽然这位妈妈什么都没做，但其实她已经做了人生中的一次重要的选择——陪伴。是的，父母的陪伴，让孩子信心倍增。父母送给孩子最珍贵的礼物，不是别的，就是陪伴！

有句话说：两情若是长久时，又岂在朝朝暮暮。其实我要说，两情若要长久时，就必须朝朝暮暮。世界上最爱你的人，一定是愿意花时间陪伴你的那个人。著名导演李安的电影道路并不平坦，有好几年，当他赋闲在家时，每天除了在家里阅读、看片、埋头写剧本以外，还包揽了所有家务，负责买菜、做饭、带孩子，成为地道的家庭妇男。当他携《少年派的奇幻漂流》登上第 58 届奥斯卡颁奖台时，他深情地说道：感谢妻子陪伴他 30 年，对他不离不弃，感谢妻子在他人生的低谷给他鼓励，给他安慰，始终陪伴在他左右。当别人关注他的电影时，他却更关注电影里的"陪伴"。越平凡的陪伴，越默契的陪伴，就越长久。

常回家看看，不是一句简单的歌词，而是对陪伴的另一种解读。无论是看电视剧、电影还是小说，人们总是希望两个真心相爱的人最终能够走在一起，总是希望一家人能够平平安安、团团圆圆地过一生。因为人们总觉得相互陪伴才是最完美的结局。其实，无论是男女爱情，还是家人亲情，陪伴在身边才是最重要的，陪伴才是亲情的源泉。有空，陪陪父母，陪陪孩子，陪陪孤独寂寞的心。

"最痛是怀念从前，一场场歇斯底里的暗战，沟壑起新的防线，还有什么能够给你，还有什么可以改变，烟火等待着黑夜，风筝依偎着线，爱到最美是陪伴……"歌手张杰的一首《爱到最美是陪伴》，不仅唱出了真情实感，更是唱出了埋藏在人们心中的一种现实的渴求。

无论什么时候，陪伴家人，都是最好的爱、最美的爱。

最美丽的世界，未必是真实的

尔雅

你不在的这个冬天，我胖了十斤，这真是让我觉得忧伤的一件事，好像后遗症还没痊愈，阵痛也总是存在，偶尔还真挺怀念你。

白晓晓终于舍得从被窝里爬起来的时候，已经是中午十二点了，歪头看了看睡在旁边玩手机的表弟，莫名其妙地叹了一口气。穿好衣服称了称体重，就算每天节食还是没有瘦下去，想着这才回来十几天，体重飙到新高，双下巴日渐浮现，于是对着体重磅叹了第二口气。

有时候白晓晓想，为什么会在短短的十几天内胖了十斤，冥思苦想不得其解，在饭桌上歪着脑袋问了妈妈，白妈妈立刻反应过来，筷子朝白晓晓头上一敲道："还不是因为你没有男朋友，你看看都大三了，还不找，学习也没见你学多好还不谈恋爱，一天到晚在家不养膘还减膘啊！"一席话说的白晓晓哑口无言，默默地扒拉碗里的饭。

她哪里是没有男朋友，只不过分手了而已。现在的家长，高中的时候用各种手段坚决打击早恋，可这才上大学一年就开始催，不知不觉把找对象这件事无形地放大，情商还没开发就期待找到靠谱的归宿，就相当于在没有打好地基的情况下强行盖一座房子，还得是豪宅，摆明了是天方夜谭。

可这么一说，白晓晓隐约也觉得有理。"你不在的这个冬天，我胖了十斤，这真是让我觉得忧伤的一件事，好像后遗症还没痊愈，阵痛也总是存在，偶尔还真挺怀念你。"白晓晓在日记本上写下这一段话，以前自己也宅，好歹会被硬拉出去逛街，现在他走了，真是光长肉了。

失恋到释然的过程真是无比痛苦，缺点消匿于记忆，优点无限放大，情人眼里出西施竟然也要经过两个阶段。说来可笑，分手是白晓晓提的，要说痛也得是被分手方痛，到她这却成了反向选择。跟祁阳的关系，就好比她是绑匪，祁阳是人质，人质被她一脚踢开了，她还在怀念和人质在一起的日子。

白晓晓也知道自己优柔寡断的性格，对于分手，说出来的时候豪气万丈，拍了桌子一副你灭了我全家这辈子我跟你势不两立的决绝表情。日子一天一天过去，想念却根深入髓，慢慢地才发现，祁阳是她的水，一天两天不喝没事，时间久了不喝，会死人。可是要如何说出来，只能在感伤的时候顺带嘲笑一下自己的没骨气。

回想起来，她和祁阳的恋爱真能用戏剧来形容。两人分分合合几次，最终都是白晓晓心软，抵不住祁阳的苦苦哀求，可是矛盾还在，短暂的安抚慰藉不了根深蒂固存在的问题，慢慢郁结成为一种束缚，争吵是见缝插针，推波助澜，宽容是不情愿的彼此将就。异地充斥着巨大的不安全因素，尤其是在两人感情基础不牢的情况下。

祁阳看不懂白晓晓，两人开始的大部分原因是因为寂寞，相拥在一起只为了暂时取暖。白晓晓假装生气，祁阳会慌乱，会恐惧，会不安，本来小小闹一下情绪弄到最后还得自己花时间安抚他，一次两次还行，一直这样就耗光了白晓晓的耐心。况且白晓晓的社交圈很广，一直处于众星捧月的状态，这让祁阳没有安全感，总是患得患失，最初引以为豪的信任逐渐被猜疑代替，日复一日的解释也造成了彼此的嫌隙，这种情况在白晓晓第一次提成分手后愈演愈烈。暖一颗心要很多年，凉一颗心只要一瞬间，原因大抵如此吧！

白晓晓觉得透不过气来，想了几天最终提了分手。她一直知道祁阳的底线，一个电话说自己爱上了别人。本来以为祁阳会骂她，结果却是电话那端沉默良久，祁阳缓缓说出这句话："晓晓，我现在已经……哭不出来了。"这好似一场战争，白晓晓濒临丢盔弃甲，却害怕再次匍匐，狠了心要分手，祁阳叹了口气："傻丫头，你要做什么我何曾拦过你，只是这是我的底线，走了就再也不能回头了，我再问一次，你真要分手吗？"得到的是毫不犹疑的回答，祁阳挂了电话。

最开始那几日，白晓晓觉得获得了新生，连着几个月的阴霾一扫而空，全身上下都跳动着活跃的细胞，空气中都嗅到了自由的味道。空出来的时间正好可以认真对待论文的选题，日子一天一天过，倒也充实，虽然没人陪，好歹有事做，习惯一个人吃饭，一个人去图书馆。她和祁阳中间隔了好几座城市，通信设备完全切断的意义就是有可能那个人在你的生命中彻底消失了。忙碌了一个月后，生活开始变得空闲，思想找不到寄存对象，就开始回忆。白晓晓看过一句话：人之所以不停地怀念过去，是因为现在过得不够好而已。对着窗外发了会儿呆，不是过得不好，只是不适应。若是因为祁阳，爱着的时候也没有好到哪里去，遇到真正对的人，跟他在一起该是自己越变越好才是，哪里像他们，白晓晓步步紧逼，祁阳万般忍让，忍让到没有原则。这点让白晓晓很不爽，也越来越任性，活生生地将他男朋友的地位降低为奴隶，心情好了么么哒，心情不好了板着一张脸，哪怕惹她生气的根本不是祁阳。得不到的永远在骚动，被偏爱的有恃无恐，人性其实挺丑恶的，白晓晓这样想。

放假在家总是不停地想到祁阳，或许是因为太闲了，或许是因为毕竟曾经爱过。对于这段感情，她用怀念着但不后悔来总结。有一次闺密发来消息说失恋了，为了劝她看开，白晓晓熬夜写了一篇文章，写完了却胆怯了，励志的句子很多，劫还是要自己熬过，感情面前，旁人再多的安慰都是一盘沙，风吹即散，唯有自渡。

她想，什么时候能将怀念着变成怀念过呢？便无法抑制地想了解祁阳的任何情况，念头一旦产生就成了心底的一根刺，一想到就会痛。于是，那些自以为遗忘了，在一起制造的回忆一瞬间都清晰地浮现出来。他现在过得好不好，有没有偶尔想起我，想起我的时候是哭还是笑？再平常不过的路程因为曾经有他的陪伴也变得忧伤起来，一个人走在大街上，害怕人潮涌动，唯有自己形单影只，她本以为自己足够坚强，断得干脆利落，现在想来不过是未到伤心时。

她记得祁阳的 QQ 号码，查找好友，输入数字，添加好友，这一系列的机械过程却在心底卷起风浪，心里有团火在缓缓升起，期待着惊慌着不安着，百感交集，最终还是没有勇气提交申请。慢慢回想起一些细节。比如，到最后，祁阳不再每日缠着她聊很久，打电话不再努力制造很多话题，在不断的磨合中，彼此早已失去了耐心与信心。

那晚，白晓晓做了一个梦，梦里她和祁阳结局美好，他抱着她宠溺地笑，白晓晓不愿醒来，却被一个电话惊醒。强迫自己入睡想要回到那梦中，却怎么也续不上，想来也是命运，缘分不到一切都成空。突然想起祁阳加了她表弟的 QQ，迫不及待打开联系人列表果然有他，点进空间将他所有的说说和评论仔细看完。心中却安静下来，渴望的不过是清楚他的近况，目的达到了，虽然无法全身而退，却也好似开了一把枷锁，不想打扰对方的生活，只求现世安稳，于心宁静。

　　有一次，白晓晓去邮局拿快递，没戴眼镜所以看什么都是模模糊糊的，过人行道的时候错过一男生，面容与祁阳惊人的相像，恍惚地走在大街上，听到杨宗纬的《空白格》，突然，难过地哭了起来。

第七章
这不是跨不过的坎

尽管走着，不必留恋，更不要过分沉湎于挫折与忧。它们只是我们生命的一部分，它们只是生活中七色彩虹的一种，我们的人生跑道上还有许多妖娆的风景，还有很多意想不到的美好。

你们之间，只是一分之差

王玉秀

　　从毛毛虫蜕变成蝴蝶，是一个艰难、痛苦的过程，但它并没有因此而放弃，而是凭着坚持不懈的精神，最终赢得了美丽。蚌壳里进了一粒细小的沙粒，使它不断地分泌汁液，这种过程是一种折磨，更是一种煎熬，但它并没有向困难低头，而是凭着坚持不懈的精神，一层一层地包裹着这粒细小的沙，最终孕育出了绚丽夺目的珍珠。

　　你与成功之间只是一分之差，再坚持一分钟，你就能将终点踩在脚下，握到成功的手！

　　《倒下之前多撑一会》书中提到，在美国华盛顿山的一块岩石上，立下了一个标牌，告诉后来的登山者，那里曾经是一个登山者躺下死去的地方。当时他正在寻觅名叫登山小屋的庇护所，很不幸，他没有找到就倒在了距登山小屋只有一百米的地方。世人都无不遗憾地说，如果他能多撑一百米，或许就能活了下来，而这只是一分钟的时间而已。除去每个人体质的不同，资料显示，这种距离，正常男性十八岁以上非专业运动员成绩应该是十二到十三秒，压根不足一分钟。

很可惜，他没能再坚持一分钟，或许更准确地说，如果他再能坚持十三秒，他的人生将是另外一番精彩。我们顿足惋惜的同时，或许也会对自己说一声，倒下之前请再撑一会儿，下一站是艳阳高照。想来，胜利者往往就是那个能比别人多坚持一分钟的人，再坚持一分钟，或许就在你想放弃的前一秒，成功就已经站在你的面前，微笑伸手，准备迎接着你。所以一定要切记，在放弃之前，一定要多做最后一次的尝试。再坚持一分钟，或许下一秒就能迎来奇迹。

一分钟，如此短暂，或许是朋友之间握个手，寒暄几句就过去了，但它存在的意义却不得不让我们刮目相看。两手对搓一分钟，可刺激手掌的经络穴位，通六经、强化内脏，还可治疗肩痛、眼睛疲劳。手指摩擦头一分钟，可促进脑部血液回流，使发根得到充分营养，头发乌黑有光泽。

一分钟的坚持，让拳王阿里与拳坛猛将弗雷泽第三次较量比赛中保住了拳王的称号，可见它就是成就辉煌的前一秒。只要不变地坚持自己的信念，离胜利就不会太远，有时候只要再坚持一分钟，结果会比放弃要好得多。多一分钟，可能下一个成功者就是你。

生活中，我们不管做什么事情，即便是在面对困难的时候也不应该只想着放弃，应该努力去争取去坚持。只要坚持到底，一定会成功，或许还会相差几步，但成功已不再是遥不可及，剩下的也就只是时间的问题罢了。现在想来，走在奋斗的征途上，真正的可怕应该就是你在成功的前一分钟倒下。半途而废，会将所有的一切付出付诸东流，变得没有意义。

中国女足最后一分钟绝杀荷兰，用坚持创造一个奇迹。这是 2015 年 6 月 11 日各大媒体上最大最醒目的一组标题，一分钟创造了一个奇迹，她们就是中国女足。

6 月 11 日，在加拿大埃德蒙顿英联邦体育场举行的第七届国际足联女足世界杯 A 组小组赛中，中国女足在小组赛第二场比赛中以1:0击败荷兰队。第九十一分钟，久攻未果的中国队终于将优势转化为胜利，谭茹殷从中场送出精准长传，王丽思右路插上推射破网，给了对手致命一击。这是中国女足时隔 8 年之后的世界杯首胜，这场胜利，也为中国队小组晋级推开希望之窗。

"如果奇迹没有出现，那就去创造一个。"迎战荷兰队前，23 岁的中国女足球员王丽思在微博里写下这样一句。奇迹终于在最后一分钟出现，创造者正是王丽思。机遇总会眷顾不放弃的人，在比赛的最后一分钟，这群年轻的姑娘，用她们的努力与坚持创造了又一个女足神话。

成功的秘诀就是坚持与再坚持，世上所有的成功都将产生于再坚持一下的努力之中，一个人在遇到困难和挫折的时候，能有足够的意志再坚持一下，这种坚持就足以让他取得成功。人生的较量其实就是再坚持一下，最后一分钟的较量，轻言放弃的人注定不能握到成功的手。

我们知道，成功并没有什么捷径，有的只是坚持，坚持是获得成功最简单也是最有效的方法。定位目标，认准一个方向，你就一直往前走，不要回头，一定会走到目的地。

现在想来，所有的成功，应该都源自成功者一点一点的坚持，坚持是一种可贵的人生态度，更是一种宝贵的意志品质。每天，我们都要面对生活中形形色色的困难与问题，为了能够站立，继续走下去，就必须坚持理想，不低头，不放弃，直到胜利。说白了，成功是什么，成功就是坚持＋再坚持。

有一种成功叫坚持。这句话太过经典，我很喜欢。谁能笑到最后，谁才是笑得最美，才是真正的赢家。其实，登山的难度并不在山脚下开头的几千米，而在即将登顶前的那几百米甚至几十米。在旅途跋涉中，能够走出死亡沙漠的，也不一定就是跑得最快的人，而是坚信自己能活着走出去并朝一个方向坚持走下去的那个人。

这也验证了聊斋先生蒲松龄的一句话：有志者，事竟成。当多次努力而没有成功时，当你身处绝境准备放弃之前，请你再试一次。就像我们对那个登山者的忠告，请再撑一会儿，成功就在眼前。

世上没有过不去的坎，只有不够勇敢的人。当我们决心去做一件事，可一旦遇到困难就烦躁不安，并怀疑起这件事情结果的重要性与可能性。其实，当你真正去做的时候，或许也没那么难，真正的拦路虎是你自己那不够坚定的意志。我们也大可不必去羡慕别人的精彩，去忌妒别人的成功，在任何精彩和成功的背后，都沉淀着别人的心血。再者，成功只是事物结束的一种方式，而我们享受的却是过程。成功就是不断战胜自我，不管发生什么，都不要放弃。再坚持一分钟，我们也能站在人群中最显眼的地方，因为胜利女神正在来的路上。

阿里巴巴董事局主席马云说过，今天很残酷，明天很残酷，后天就很美好了。然而很多人却没有等到后天，就在昨天晚上死掉了，这期间的原因想是没有几人可以参悟透彻。再者，为什么世界上成功的人只有3%？而97%的人将是平凡的人？

美国科学家曾经对一组一岁的孩子调研，发现每个孩子的创造力和想象力都达到 90％，这就说明每个孩子都是天才，智力方面的差别是很小的，然而结果呢？我们无法预测未来，但结果却显而易见。同一个起跑线，拼的就是毅力，看谁能坚持到最后一秒。

美国成功学大师拿破仑·希尔在演讲中也提到，人与人之间只有很小的差异，但是很小的差异却造成了巨大的差异，这种很小的差异就是你所具备的心态是积极的还是消极的，巨大的差异就是成功和失败的差异。其关键就在于你的态度，坚持会让一切变得更真实。

所以，我们永远都不要消极地去认为做什么事会是不可能的，调整心态，坚持到最后一分钟，最终你会发现，其实也不过如此。很多人就是跨不过那道坎，花费了超过 90％ 的努力，在关键时刻因无法再坚持而选择放弃。殊不知，成功往往就在那一瞬间，那一念之间。

路百里半九十，一段路一百里走了九十里才算一半，说明越是后面越是艰难越是要坚持。人总是在遭遇一次重创之后，才会恍然大悟，重新认得本身的刚强和坚忍。因此，不论你正遭遇着什么样磨炼，都不必一味地埋怨上苍的不公道，乃至从此一蹶不振。

因为任何一件事都有着它存在的理由与价值，人生没有过不去的坎，唯有过不去的人。或许再坚持一分钟，我们就能握到成功的手。你给世界一个什么样的姿态，世界将还你一个什么样的人生，如果面对困难，你再努力一分钟，坚持一分钟，那世界就是你的。

从毛毛虫蜕变成蝴蝶，是一个艰难，痛苦的过程，但它并没有因此而放弃，而是凭着坚持不懈的精神，最终赢得了美丽。蚌壳里进了一粒细小的沙粒，使它不断地分泌汁液，这种过程是一种折磨，更是一种煎熬，但它并没有向困难低头，而是凭着坚持不懈的精神，一层一层地包裹着这粒细小的沙，最终孕育出了绚丽夺目的珍珠。

事实证明，无论多么艰难的事情，只要你有着坚持不懈的精神，你就一定会战胜困难，收获成功的硕果。太多像愚公移山、精卫填海这样的励志故事，大凡都是告诉我们一个道理，坚持就是胜利，坚持可以让我们离成功更近。

人生不可能是一条平坦的大道，路上总是布满了荆棘，但阳光总在风雨后，只要我们有着坚持不懈的精神，一定能越过低洼和高山，看到成功的彩虹。万科集团创始人王石曾对他的员工说过这样的话：人生就是一座座山峰，最难攀登的就是你自己，往上走，哪怕一小步都有高度，做优秀的自己。积极向上的心态，是成功者的最基本要素，只要你坚持，再坚持一分钟，也许你就成功了。因为成功离我们很近，也许只是一分钟之差。

即便摔倒，也要心系远方

醉伊笑红尘

当你的梦想在跑道上破灭了，当你的希望在跑道上摔倒了，你该如何面对，你会如何选择，就像我们人类生来的两条腿一般，只能朝着同一个方向前行，不是前进就是后退，当这种非此即彼的问题现实地摆在你的面前时，你是站起来，还是躺下去？

从我们来到这世上，发出第一声哭啼起，便被冥冥之中的造物者拉进一个统一模式，却不计分类的跑道上，这个跑道上的一切，遍布新鲜，也难以预料。

我们都有梦想，都有欲望，于是这条跑道上也到处充满着我们留恋的风景，我们喜欢的人，甚至稍微用心者，会发现镜子中的自己，我们就这样被时光机投映在这跑道的世界里，不时随着欲望漂浮着。

如此思量，似乎我们的人生也不过如此，在欲望的贪恋中欢欣鼓舞，也在欲望的追求中兑换成长，换言之，人生也不过是一种欲望的消费，无论是物质上的面包牛奶，还是精神上的王子公主，欲望贫贱不能移，威武不能屈，那我们的人生是不是该换一种方式考量。

法国著名女作家玛格丽特·杜拉斯在《怦然心动》中写道："爱之于我，不是肌肤之亲，不是一蔬一饭，它是一种不死的欲望，是疲惫生活中的英雄梦想。"可见，欲望对于我们人类而言是十分美好的，它赋予我们的不仅仅是爱，更是一种疲惫生活的梦想与希望。

只是，当你的梦想在跑道上破灭了，当你的希望在跑道上摔倒了，你该如何面对，你会如何选择，就像我们人类生来的两条腿一般，只能朝着同一个方向前行，不是前进就是后退，当这种非此即彼的问题现实地摆在你的面前时，你是站起来，还是躺下去？

年少时，每次遭遇挫折，耳畔总会清晰地响起父亲的声音："天塌下来，有地顶着，地陷下去，有人来填土，别怕！"彼时的我每每听到父亲的这句话，都会情不自禁发笑，笑话他用词直白土气。

我记得第一次高考落榜后沉默不语了半个月，我记得第一次失恋后醉醺醺地喝得烂醉，一个大男人哭哭啼啼地不成样子，我记得第一次择业考试失利后心中的乌云郁结了很久，只是，每次在遭遇人生的不可变更因素时，在跑道上摔倒后，我总会擦干泪水，站起身来，继续前行，哪怕一路上千山暮雪，我也会咬着牙前行。

我不怕跌倒，我只怕流浪，心灵的流浪，精神上的松懈，我将因此而脱离一个独立完整的人格，于是，我只能愈战愈勇，愈挫愈强！

那时的我，总不会懂父亲的那句妙言，等我跌跌撞撞地蓦然回首时，才发现自己无时无刻不被父亲的话所影响鞭策着，或许某天，某个时空转换的片段，我再回眸，突然发现，跑道上那个摔跤的人，也有我一个，庆幸的是，我站起来了，而且一直走在前行的路上。

印度诗人泰戈尔有句名诗这样写道："尽管走下去，不必逗留着，去采集鲜花来保存，因为在这一路上，花自然会继续开放！"恰如我断章取义散文大家朱自清的那句"燕子去了，有再来的时候，桃花谢了，有再开的时候"。我们的人生很短，屈指可数百年矣，我们的人生又很长，足够我们应对挫折，梳理梦想。

尽管走着，不必留恋，更不要过分沉湎于挫折与忧伤。它们只是我们生命的一部分，它们只是生活中七色彩虹的一种，我们的人生跑道上还有许多妖娆的风景，还有很多意想不到的美好！

我清晰地记得 2012 年伦敦奥运会上刘翔独腿支撑跳过 110 米栏全程赛道，与奥运冠军失之交臂。电视直播上看得到他失落的脸庞，也看得到他坚毅的眼神，有人说曾经给亚洲人脸上增光添彩的跨栏英雄从此倒下了，而我却认为，英雄在真正意义上站起来了！

肢体的强健或许可以风光一时，但精神上的自强则可以薪火相传，绵延不绝。赛场上不同肤色的观众都热烈地为刘翔鼓舞呐喊，他让全世界都感受到了他的不屈，他的倔强，他的坚强，跑道上可以摔跤，但精神上却不能跌倒，刘翔做到了，恰如他告别演说上含泪所讲："人生总有高峰和低谷，在顺境中不失自我、不忘初心，在逆境中更能经得起考验。勇于挑战梦想，敢于去做！"

没错，敢于去做！说来容易，可是又有多少人能真正领悟呢？在很多人遭遇困难时，迷惘尚且不知，又谈何容易去做去挑战呢？

电影《当幸福来敲门》中的克里斯·加德纳从前一直过着简单而幸福的生活，只是有一天公司的裁员让他突然失去了工作，使得这个本来就衣食堪忧的家庭丧失了最后的保障。不久，他就遭遇了妻子的离弃，独自抚养儿子，没过多久就因为拖欠房费而被房东逐出。父子二人流浪街头，他们的住所也从纸皮箱搬到卫生间，他卖血，为了一个工作和一群刚毕业的孩子争抢一个职位，饱尝了人间疾苦。

但生活潦倒的他却没有丧失斗志，一次偶然的邂逅，让他抓住了在股票公司工作的机会，他从毫无专业知识的学徒工做起，慢慢掌握了股票市场的运营操作知识，最后成立了他自己的股票投资公司，成就了百万富翁的梦想！其实，现实中我们的境遇都要比克里斯·加德纳落魄时要好一些，或许是我们有时候不够坚持，有时候缺乏努力，当抱怨挂在嘴边，埋怨刻在心里的时候，我们离成功的彼岸总是要远一些，而就是这么一丁点的距离，或许就成全了无法跨越的太平洋彼岸。

有个朋友遭遇一件工作上的不顺心便频频对我抱怨："为何人生总是如此艰难？能不能给我一个理由坚强？"我不置可否地笑了笑，简单给他概述了下南非总统曼德拉的坎坷人生，他听得也漫不经心，总觉得我是在拿名人的心灵鸡汤灌养他，其实我只想引出来曼德拉的一句话："如果天空总是黑暗的，那就摸黑生存；如果发出声音是危险的，那就保持沉默；如果自觉无力发光，那就蜷缩于墙角。但不要习惯了黑暗就为黑暗辩护，也不要为自己的苟且而得意；不要嘲笑那些比自己更勇敢的人们。我们可以卑微如尘土，但不可以扭曲如蛆虫。"

他听罢也只是一笑而过，我也觉得自己的说辞有些多余。一年后，他约我吃饭，此时工作上意气风发的他突然对我提及感谢，说多亏了当年的这句话及时挽救了他不良的心态，否则他当时就辞职失业了，怎么会有今天的加薪升职待遇！我举杯调笑说，要感谢就去感谢曼德拉吧！他紧接着说了一句让我深思的话："虽然他老人家已经离世了，但我觉得我真正遇见他了！"

我想人生的跑道上或许真的就差这么一个转角，这样一种相遇吧，当我们精神上决心面对挫折，选择自强时，或许办法总比想法多。

恰如曼德拉的那句，我们可以卑微如尘土，但不可以扭曲如蛆虫。我们对待挫折的心态，直接导致了我们行动的方式，而我们行动的方式也造就了这种思维的结果，我们的人生也在这些不同的思维和行动变换中沉浮不息。但是请记得沉浮不可怕，摔倒也不必心焦，因为人生考量的不只是看你是否在跑道上摔过跤，而是会关注你每次如何潇洒地站起！即便摔倒，也要心系远方，我们每个人的生命都可以闪闪发光！

趁年轻还不努力，机会就只能让给他人

唐承香

我在大好的青春年华里，我放弃了本应该绚丽的绽放。沉浸在对那

些成功者的不断抱怨和不甘中，眼红着他们的事迹，怒斥上天的不公。我却还没意识到，在我抱怨和不甘的时候，已经失去了那些最佳机会。

"国庆长假去看看你在乡下的姥姥。"这是国庆放假前期母亲的叮嘱。我皱皱眉，其实真心不想出门。我宁愿窝家里哪儿也不去。

"整天垮着脸，可没谁欠你钱。出去散散心吧。"被母亲看穿了心思，以至于到最后，纠结着一颗心，心不甘情不愿地背上背包踏上了那记忆深处已经模糊了的小山村。

姥姥是已经年近九十却精神矍铄的一位小老太，牙齿掉得所剩无几，褶皱的脸上满是岁月的痕迹。

"小咪吆来了呀。"她佝偻着背，一脸笑意迎出来，拉着我就往屋里拽。

"姥姥，您慢点。"看着那健步如飞的步子，我真担心她给摔了。

"来来来，喝点水。赶一天的车，累了吧。"她浑然不在意我的担忧。满心欢喜，像个快乐的小陀螺似的张罗着茶水、瓜子、水果。

"谢谢姥姥。"接过水杯。不禁感慨这真是位活力十足的小老太。

姥爷前些年去了，姥姥一直独居。到了晚上，也免得她老人家大费周章地倒腾，横竖也就这几天，就和姥姥挤一挤睡一块儿。

乡下的屋子多是土木房子，那些古旧的家具物什也都满是风霜。我饶有兴味地研究着姥姥的梳妆台，突然被桌角处规规整整摆着的一本被磨得有些破的牛皮笔记本给吸引了。那笔记本的破损似乎是有人经常翻阅而造成的。

我小心翼翼地翻开，满满的一页有些泛黄的黑白照片。有个别照片的旁边还有一手娟秀的钢笔字备注着什么时间，在哪里以及什么样的事件。随意翻翻，满满的一本照片，由老旧的黑白照到后面的彩色照片。有单人照，有合照，有我认识的，也有我不认识的。

"小咪吆，在看什么？"姥姥进屋来了，凑过来看。

"哎呀，这一晃就是几十年了。"姥姥笑着，万分感慨。

"姥姥，跟我说说你们那会儿的事吧。"大概是心血来潮，抑或是为在这没有任何先进电子设备的偏远小地儿打发时间。我，这样向姥姥提出要求。

"你不嫌，姥姥就跟你讲讲。"

老人家一说起以前，整个人又鲜活了几分，好像年轻了几十岁一样。

这一晚，婆孙两人秉烛夜谈。讲过去，谈现在，畅想未来。

这一晚，姥姥说道着那个年代生活的艰辛。以及他们骨子里的那股不认命的坚韧。

从小生活在优渥条件下的我是没办法想象姥姥他们生活的那个年代是何等艰辛的。那个年代，他们不去争取，不去努力，会挨饿，会失去很多东西。

"这就是我一辈子的财富了。"她抚着那本笔记本，如视珍宝。

"养大儿女，最大限度地为他们争取好点的条件，看着他们过上好日子。老婆子我老了，也不给他们添麻烦，该我走的时候也是安心的。"姥姥这辈子努力了，争取了，该得到的也得到了，过得并不比谁差。如今儿孙满堂，也值了。

我在想，照着我现在的心境，待到我耄耋之年，我又是否能像姥姥那样拥有一本属于自己的"财富"呢？我想，那大概是不会了的。恰如穆勒所言："青年的朝气倘已消失，前进不已的好奇心已衰退以后，人生就没有意义。"

这一晚和姥姥的促膝长谈，让我猛然间想起了毕业时的初衷。

刚毕业那年盛夏，满腔的热血就像那高挂的艳阳，热烈而明媚。那种挥斥方遒、指点江山的澎湃胸臆把拳头般大小的脏器涨得满满的。

但是，约莫三个月左右，心里的那张宏图生生地被骨感的现实敲打得七零八落。工作、生活就此被阴云笼罩，蒙了心，迷了眼，眼里周遭的人或事似乎都充满了"敌意"。丧了自信失了勇气，萎靡不振，就像一只战败的"丧家之犬"。

在 84 年的生命里，如果没有持之以恒、专心致志、不畏艰难地将那些奇思妙想付诸行动，或许留声机、电灯、电话、电报等的发明就不会成就托马斯·阿尔瓦·爱迪生，这位"发明大王"或许会是生活在这个世界某个角落的甲、乙、丙、丁。

从 21 岁开始，上帝关掉了属于他的大门。或许这还不够，连扇窗也吝啬了。患上肌萎缩侧索硬化症的斯蒂芬·威廉·霍金，这个被禁锢在轮椅上半个多世纪的男人，用他全身仅能活动自如的一双眼睛和三根手指伫立于宇宙之巅，加冕为王，"宇宙之王"。

他们从不曾放弃，即便身陷"囹圄"，也毅然决然尽情燃烧生命，释放能量。

而我，却在这个大好的青春年华里，放弃了本应该绚丽的绽放。沉浸在对那些成功者的不断抱怨和不甘中，眼红着他们的事迹，怒斥上天的不公。我却还没意识到，在我抱怨不甘的时候，已经失去了那些最佳机会。

或许不是最聪明的人，也成就不了那样的丰功伟绩。

但是，如果不努力，那就什么都没有。机不可失，时不再来，放弃的机会终会落入他人手里。而后的抱怨、不甘燃烧的是自己的生命，成就的却是别人的绚丽。

后来几天，我跟着姥姥上山、下地。听她唠嗑过去，平了心，静了气，看清了自己。

假期终究还是结束了。背上背包，与姥姥挥手告别。深吸一口气，手向着太阳高高地举起，抬眼望去，五指间倾泻而下的阳光，嬉笑着，打闹着。手指轻握，斑驳的光点在指间跳动，那么炫目而热烈。

最初的梦想，只有努力，抓住机遇才能到达。

那方宏图，在此时此刻又清晰而深刻的浮现在脑子里。

世上没有过不去的坎

朱海兰

婚姻里的两个人不是相互束缚，而是相互帮扶。快乐是自己给予自己的，幸福也依然如此。一定要记得，生活里先爱好自己，照顾好自己，你才可以去爱别人，照顾别人。面对生活，只要生命还在，这世上便没有过不去的坎。

生命永远是以个体的形式存在的，你怎么可以把自己的生命与幸福依附到别人的身上呢？"在爱情里做一个卑微的女人"这句话是多么令人害怕和蛊惑人心。

先说刚刚看到的一段拍客拍到的视频，一个女子在商场里看中了一个包包，要求自己的老公给买，结果老公不给买，就因为这点小事，两口子吵了起来，越吵女子心里越委屈、越生气，一怒之下，就跳进了超市旁边的湖里。这女子的老公自然被女子气得暴跳如雷，跳下湖不是去救自己的老婆，而是抓住自己老婆的头发硬往水里按，一边按，还一边生气地大叫："脸都让你给丢尽了。"

望着这样的视频，内心有千般滋味涌向心头。女人一旦走进爱情和婚姻，便有一种这样的心理：无论是自己追求来的男人，或者是主动追求自己的男人，从结婚那天开始，一颗心都依附在了这个男人身上，心甘情愿为他洗衣、做饭、提茶倒水。以为自己这样对他好，他定会比恋爱的时候更爱自己、宠自己，吵架的时候能主动向自己认错，自己想要的东西，只要向这个男人说一声，这个男人一定要给自己买了送来。自己的快乐与不快乐，幸福与不幸福全部与这个男人对待自己的态度有关系。

我们一定要记住，在我们身边生活的这个男人是再实际不过的生态品种，这是男人们的通病。恋爱时的浪漫，他是为了能娶到心仪的女子为妻，一旦娶到手，他们便会高枕无忧。之前的浪漫会在生活的深处，被日子一点一点消磨殆尽。

如果我们再把姿态放低，在生活上对他们照顾有加，经济上不能独立，全部依赖他们，随着他们经济越来越强大，心态越来成熟，这个时候，夫妻之间的地位真的就是一个高高在上，一个卑微在尘埃的深处，他拒绝你的要求，他高高在上指挥着你的一言一行，是再正常不过的行为。要知道，并不是所有落在尘埃里的爱情都会开出花来。

你无休止地把全部生活围绕着他与孩子转，早已经让他学会了在婚姻里只会享受不会付出。等有一天，你会突然发现，你所有开支都需要向自己身边的这个男人伸手要的时候，当有一天你发现，她给你的经济要求不再是一求百应的时候，当有一天，他以自我为中心，不再以你为中心的时候，你心里便会产生极大的失落感，接着让自己的幸福感越降越低，最后找不到了幸福的方向。

记得《离婚律师》里有这样一句精彩台词："谈恋爱是跟一个人的优点在谈恋爱。谈结婚是跟一个人的缺点在过日子。"这句话一语道破了婚姻里两个人在一起时的毫不掩饰与装饰，因为不掩饰，才会露出自己性格最本真的一面。如果从开始便在婚姻里把自己放低，那么另一个人会越走越远，而你越追越累。如果从一开始，你们便举案齐眉，那么你们永远在同一个起跑线上，步伐会永远一致向前。

所以女人，不要把自己卖给婚姻，卖给家庭和孩子。当有一天，你身边那个人不爱你的时候，你会发现天塌了，地陷了，自己的日子无法过了。别人还没有可怜你的时候，你自己就开始可怜起了自己："我跟了他半辈子，为他生儿育女，侍候老的，照顾小的，最后却落得如此下场。"

试想，我们无论和谁结婚，不得要生儿育女，照顾家里的老小吗？就如文章开头这个故事一般，这个女子的老公不给她买包，她至于跳湖想自杀吗？老公不给买，她完全可以自己买了。他们的争吵，是日积月累相互埋怨的加剧，他们的争吵是日积月累的矛盾的爆发。

婚姻里的两个人不是相互束缚，而是相互帮扶。在婚姻里我们不仅要学会两个人共同欣赏风景，更要学会另一个人不在身边的时候，自己去欣赏风景。在你爱他的时候，也要学会让他爱上你的心不会改变。

只要你想开了，明白了，学会洒脱面对，只要生命还在，一切问题就都不是问题，世上没有过不去的坎。你自己感觉快乐和幸福了，你改变了生活现有的状态，那么紧跟着你改变的便是家人的生活状态。你不卑微了，你与和你生活在一起的人平起平坐了，他看你的姿势会前所未有的快乐与轻松。

活得简单，才能活得自由

评品人生

　　在这个充满选择、诱惑的世界里，放下欲望之鞭，学会经营并享受简单人生才是明智的选择。在五光十色的现代世界中，让我们记住一个古老的真理：活得简单，才能活得自由。

　　文是一名普通的打工仔，尽管月入有限，不久前还是咬牙买了一部时下最高配的品牌手机。没过多久，文生出上当受骗的感觉：这款手机除了外观抢眼、造型拉风一点，基本功能和其他机子也差不多，平白无故多花了一个月薪水。

　　由此，想到最近微博上流传的一个段子：一部高档手机，70%的功能都是没用的；一款高档轿车，70%的速度都是多余的；一栋豪华别墅，70%的房间都是空闲的。人生于世，70%的想法都是多余的。

　　人们常说房子再大，也就睡一张床；车子再好，不过是出门代步、遮风挡雨的工具罢了。就像手机里那些天花乱坠的功能，大部分人从来不曾用过一样。平平淡淡才是真。老是生活在"高处"，就会脱离实际，让正常的追求变成一种无度的贪婪，把简单的生活搞得复杂起来，不仅生理上不能适应，心理上也无法承受和解脱，长此以往，不郁闷才怪呢！

人生最难得的是糊涂，所谓聪明，说白了就是心眼多，心眼一多，就不简单。而不简单的人，往往就栽在自恃聪明上。

古今得祸者绝大多数都是精明的人，和珅不是因为太过精明，怎么能赐死呢？现在的职场中那些处心积虑算计别人、绞尽脑汁排挤别人、无所不能巴结领导的人，哪一个不是赚得树倒猢狲散的可悲下场呢？

人生短短几十年，做好自己就很不简单了，还要想方设法为了利益而钩心斗角，为了房子、车子、位子而甘做欲望的奴隶，实在是犯傻。

袁枚在《随园诗话》里说，他有一次曾见人画了一幅《牵车图》：将妻子、奴婢、器具、食物，尽放车中，一枯瘦男子，牵长绳背负而走。空中一鬼，持鞭驱之。其实，"空中一鬼"乃画家的隐喻，真正的魔鬼，乃是人的"心魔"。

现在常有人感叹活得太累，其实并非生活本身负担有多重，也不是被事业工作压得喘不过气来，而是无法承受自己的内心被欲望奴役和鞭打之痛楚。在这个充满选择、诱惑的世界里，放下欲望之鞭，学会经营并享受简单人生才是明智的选择。

很喜欢一首歌，歌名叫《简单生活》。歌中这样唱道：放飞心情，或许天堂也常日落，或许所有拒绝现实的锣，悄悄穿透我的耳膜，收音机里的万花筒，锁不住那正要开始的梦，想要清醒又太脆弱，走过闪躲的念头，昨天的愧疚又沾了衣袖，思念放空的气球，想要挣脱虚假承诺，会感动我过一种生活，简单到没有奢侈的轻松……

"如无必要，勿增实体"所体现的简单哲学，就是你简单，这个世界就对你简单。一个攀登者的理想境界是：理性、内省、坚韧、关注，任俯仰、知进退。这其中最难做到的当是"任俯仰，知进退"。

人生犹如登山，只有任俯仰，知进退，才能一直处于不败之地。院里的树木花草，要经常修剪才能不偏不倚向上生长，人的一生也需要随时剪除利益纷繁的枝枝蔓蔓。做简简单单的人，干简简单单的事，过简简单单的日子，住简陋而温馨的房子，穿简约而得当的衣着，吃简便而健康的粗茶淡饭，坐省钱而且安全的公共交通，夫复何求？

有些事看起来很简单，但往往离成功最近。

一个著名的推销员应邀做告别职业生涯的演讲。那天，会场座无虚席，当大幕徐徐拉开，人们看到讲台中间吊着一个巨大的铁球。人们热切期待的最伟大的推销员、已经白发苍苍的老人，站在铁架的一边，从上衣口袋里掏出一个小锤，然后对着那个巨大的铁球"咚"，敲了一下，停顿一下，又用小锤敲了一下。

老人就这样敲一下，停顿一下，有规律地持续地做着重复的动作，20 分钟过去了，铁球纹丝不动。有人开始不满，有人开始退场，老人仍不紧不慢一下一下地敲着。直到有人发出尖叫："看，球动了!"会场重新安静下来，人们聚精会神地看着那个铁球。铁球在老人一锤一锤的敲打中越荡越高，拉动铁架"哐、哐"作响，巨大的威力震撼着在场的每一个人。终于，场上爆发出热烈的掌声。老人转身，慢慢把那把小锤揣进兜里。整个演讲，老人只说了一句话："把简单的事情做好，就能取得成功。"

这是听来的故事，还有身边的真人真事，有些很难做成的事，做起来其实很简单。例如：你想要做 10000 个引体向上，那么分成 1000 天，就是每天 10 个。开始去做，并且不要强迫自己，把它当作一种乐趣去挑战。随着你的能力增强，逐渐增加分量。例如一个月后，你可以做到 15 个，3 个月后，你可以做到 25 个。所以，10000 个看似需要1000 天才能完成，事实上，你可能 9 个月就搞定了。这个方法的精髓在于把一个很大的痛苦分解成 1000 份小不适，然后将它融入每天的生活中，培养成习惯，将不适转变成舒适。做这件事的，正是万科企业股份有限公司创始人，现任集团董事会主席王石先生。

一个人做点好事并不难，难的是一辈子做好事。在物质充盈的当下，一个人想要过简单的生活并不难，难的是一辈子过简单的生活。在一个精神遭到空前贬值的时代，倘若一个人仍然坚持做"精神贵族"，以精神的富有而坦然于物质的清贫，我相信他就必定不是为了虚荣，而是真正出于精神上的高贵和诚实。这一点，著名学者周国平早有领悟。许多东西，当我们没有它们也能对付时，我们才发现它们原来是多么不必要的东西。在五光十色的现代世界中，让我们记住一个古老的真理：活得简单，才能活得自由。

把简单的事做好了，就是不简单；把平凡的事做好了，就是不平凡。树木把枯黄的落叶放下，长出一个美丽的春天。苍穹把灰色的云翳放下，才有一个灿烂的晴空。把沉重的郁结放下，就有一个快乐的人生。活得简单的人，容易幸福；活得清醒的人，容易烦恼。生活的真正滋味不会因为活得简单粗糙而品味不到。

过简单的生活，本质是要收得住心。诗人汪国真曾这样写道："尽管，我有时也祈求，有一个让生命辉煌的时刻，但是，我更乐意，让心灵宁静而淡泊"。外面的世界总是很精彩，但外界生活的简朴，才能带给我们内心世界的丰富。正如夏丏尊先生所说的那样：在他，什么都好，旧毛巾好，草鞋好，走路好，萝卜好，白菜好，草席好……

在人生画面上，简单是最难画好的一笔。

第八章

世界上总有一些人比你努力

在白雪皑皑的漠河，在葱郁温润的腾冲，在中国这片广袤大地上的东西南北中，创造财富的同时也要守护好属于自己梦想的那颗璀璨的水晶球。时时擦拭，刻刻反观，不要轻易摔碎，不要沾惹尘埃。我相信，你们的优秀就一定会从自我坚守中得以实现！

你在怕什么

胡雨唯

> 每个人生而平凡，只要不平庸就能达到你想要的结果；每个人生而孤单，只要你有朋友和家人就不是冰冷的孤独。

飞机慢慢离开地平线飞往万米高的上空，看着窗外逐渐变得渺小的景物，兰晓觉得心里忽然变得空荡荡的。有那么一瞬间的冲动险些促使着她逃离这架飞往远方的飞机，然后以百米冲刺的速度跑回家，躲回那间虽小却充满熟悉味道的小屋。

今天，是离开家的日子。

要是和之前比较一定要说出这次离开的不同，应该是这一次真正地要作为一个大人去独自面对辽阔而未知的世界。

是的，作为一个刚刚踏出校门的大学毕业生，兰晓和所有人一样怀揣着忐忑不安和巨大的对未知的恐惧，然后又不得不小心翼翼地打量着周围的一切。

坐在飞机的最后一排，耳边是轰隆隆的机器操作间的声音，虽然耳朵被震得有些疼，但她却第一次觉得疼痛可以带来真实的存在感，这使得兰晓的心感觉到片刻的安宁，不被恐惧完全侵占的安宁。

旁边的两个阿姨在聊着家里谁开车来机场接机，只是对于这火热的聊天氛围兰晓感觉到的是一丝冰冷。因为下了飞机，她必须拖着沉重的行李箱一个人回去，回到那个高价租来的房间里。

闭上眼睛，深吸了一口气，她的脑海里不断闪现出家人的笑脸，幻想着他们能在机场的门口等着自己，就像每一次从学校回家时那样，妈妈总是提前不知道多久站在火车站的门口翘首盼望。可是这一次，没有人会在门口等待。自嘲地笑笑，至少会有机场大巴在等着吧。

孤独，一种前所未有的孤独感压得兰晓有些透不过气来。

在广播里，机长好听的声音传来，不外乎是飞机在起飞的途中请系好安全带、不要随处走动之类的话。坐在角落的兰晓看着前面的小姑娘大方地违反安全准则用手机拍照，笑容在不合时宜的时候出现了。兰晓知道自己并不是在嘲笑那个小姑娘，只是她不知道自己为什么会笑，包括她自己也不知道那个看似轻蔑的笑容里包含了多少恐惧。

兰晓恐高，这一点她从很小的时候就知道。带着一种非要挑战自己的倔强，她目不转睛地盯着下面越来越像蝼蚁般大小的万物，心脏忽悠一下，原来，高大的事物也可以变得如此渺小。

作为一个被时刻贴着要强标签的女孩子，兰晓不知道这次回到北京的公司会面对着什么，也许会像实习的时候一样做着有高度精神压力的工作，也许会得到幸运女神的怜悯，可以做些能安慰自己并使那高傲的心获得满足感的活计，只是未知的总是 X、Y，不会是具体的数字。

未知的工作内容、未知的前途、未知的生活，还有许许多多的未知，一想到这里，她缩了缩脖子，心底里勉强被压制住的恐惧感骤然扩大，直至占据了整颗心脏、整个身体。

为了转移注意力，兰晓不得不长舒一口气，继续用生理上的恐高来缓解心理上的恐惧。眼睛里是飞机上升的状态，机翼也在顺应着周围的环境展开变化。

起飞，这个动作对于飞机这个庞然大物差不多持续了十分钟才升到可以在高空飞行的高度，原来，即使是交通工具的领军先锋，每一次起飞也需要一段缓冲的时间。

想到这里，她的心里似乎舒服了一些。

似乎每个人都会在某一个时间点感觉到或大或小的恐惧，兰晓安静地想着。她不需要像别人一样仔细地分析自己的心理，因为她很明白自己心底里的魔鬼是什么。

没错，就是自己，另一个叫着和自己一样名字的魔鬼。

兰晓害怕的是自己，非常害怕。

无论是孤独、高度、未知，都不是真正使她害怕的东西，她只是害怕无法在充满挑战的生活里能活得像自己所希望的那样。

是的，害怕期望和现实产生断层。

很多人都希望能做自己生命里的魔法师，只要嘴里念着熟悉的咒语再挥动着与之相配合的魔法棒，就可以得到期望的一切。

只是哈利波特的魔法世界只存在于小说和电影里，讽刺的是，小说和电影里法力高超的佛地魔也不能真正无所不能，何况我们这样的平凡人呢！

兰晓一直都相信只要是人都有属于自己的心魔，它会凶着脸叫嚣，贬低着你的失误、打击着你暂时没有成效的努力、嘲笑着你赤诚的真心，甚至在深夜里使得你躲在角落里抱头痛哭。它和你长着同样的眼睛、同样能说会道的嘴和同样能听到音乐的耳朵，只是你怕它。

本来温柔的妈妈曾简单粗暴地告诉过兰晓："要是你害怕这、害怕那，就躲在家里吧，永远都只在你的小屋里，连门槛都不要踏出来。"

为了这句话，兰晓哭了整整一夜。

那个时候，她觉得妈妈根本就不理解自己的恐惧，是自私的、是武断的、讨厌的。

只是，自私的又何尝不是自己呢？

自己自私地把很多难听的形容词绑架在说出那些话的妈妈身上，然后自私地想要一直躲在象牙塔里图个身心舒服，什么时候又想过妈妈在自己的这个年纪是不是一样有很多恐惧？

想到这，兰晓下定决心下了飞机一定要跟妈妈道歉，不管她是否还记得这件事。

上升到一定的高度后，飞机平稳地飞行，兰晓闭着眼睛似乎已经进入了梦乡，其实她的心仍旧在"你在害怕什么"这个问题上打转。

她需要一句话来安慰自己大无畏地向前走，只是作为一个人真的需要让自己所向披靡吗？

兰晓看着心里那个已经把超人的衣服穿好的自己，摇了摇头。不对，拯救世界的情节是不该这样发展的。

再者说，在这个世界上根本就没有超人这种神奇的人物。

这时，心里面一个穿着短裤T恤的姑娘正披头散发地朝着"超人"跑去，一把扯过她手里的皮包，大喊道："还不赶紧醒醒去上班，都要迟到了您！"然后不容拒绝地拽着她就朝地铁口风风火火地跑去。

兰晓冲着她点了点头，这个才是真实的人嘛。

"其实，怀揣梦想是一件好事，但是作为一个真实的人来说还是应该接地气，然后让梦想和规划指引着我们朝未知的路前行。若是让一些不切实际的幻想来左右自己，才是真正造成断层的原因。"拖着行李箱戴着眼镜的姑娘敲了敲兰晓的头，"我说自己，这回你的心里踏实了吗？"

兰晓冲她点点头，然后又快速地摇了摇头。

"你刚才说的，我懂，但是，回到北京我还是一个人住，我害怕！"

拖着行李箱的兰晓恨铁不成钢地叹了口气，"兰晓，你要知道，即使今天你去的地方不是北京，你做的事不叫北漂，只要离开家里到外面发展你都会是上海漂、山东漂、武汉漂诸如此类，所以，地方不是重点，地方带给你的只是环境的不同。重点是你，当初这条路是你自己选的，你还信誓旦旦地说一定会闯出点儿名堂来，对吧？"

兰晓点点头。

"亲爱的兰晓，每个人生来就是孤独一个人，离开这个世界的时候，也是一个人，这就是人的一生，每个人都是平等相同的，别人能克服的，你也可以。"

"但是，我将要去陌生的地方，我需要……"

"你需要的不是一个能给你身体上温暖的人，因为这点电暖风就可以做到。"拖着行李箱的兰晓拍拍自己的肩膀，"兰晓，你需要的是一个让你可以依靠的人。你只需要记得，每个人生而平凡，只要不平庸就能达到你想要的结果；每个人生而孤单，只要你有朋友和家人就不是冰冷的孤独。"

与自己对话后，兰晓慢慢地睁开眼睛，此时飞机已经在首都机场的跑道上滑行，她看着周围陌生的环境，想起刚才另一个自己竖起的大拇指，就攥紧了拳头为自己打气加油。

飞机停稳后，兰晓背上书包，和众人一起坐上了去机场大厅的巴士，拨通了妈妈的电话。

兰晓要告诉妈妈，自己终于知道她那晚那番话真正的含义了。

梦想不只要有，还要去实现

云歇鸢

而那块当年绊倒邮差的石头上，被他刻上了这样一句话：我想知道，一块有了梦想的石头能走多远。

上苍是公平的，它用一杆平稳的称，称得出你实现梦想的重量。不是泛泛而谈，是需要用脚步，踏踏实实、一步一步地去实现。

一名邮差每天徒步于各个乡村之间，日复一日重复着送邮件的工作，日子过得单调而乏味。

有一天，他突然被脚下的一块石头绊住摔了一跤。他起来拍拍衣服，无意中看了那块绊倒他的石头一眼，觉得这石头造型奇特，他弯腰把石头捡起来，竟然有些爱不释手。心念一动，他便把这块石头放在他的邮包里，再继续给人送信。

路上，有相熟的朋友看到他背着块石头，便奇怪地问他：“为什么要带着这么一块石头送信呢？应该很重吧，那不是给自己的工作带来负担了吗？”

他拿出石头笑着回答：“因为这块石头漂亮啊！”朋友也笑了，“漂亮是漂亮，但路上随处可见，没有必要带在身上吧！”他笑了笑，没有再回答。

下班以后，他一个人躺在床上，看着床头上摆着那块绊倒他的石头，突然萌发了一个奇妙的想法：如果用这么漂亮的石头盖一座属于自己的城堡，那该是多么美好的事情！可是他也明白，盖一座城堡于现在的他而言只是一个遥远的梦。

但从那以后，他每天都在送信的路上捡一块特别的石头回家，渐渐地，他的房间里堆满了捡来的石头，可照这样的速度收集石头，远远不够盖城堡。他开始改用独轮车送信，收集石头的速度开始变快。

从此以后他过上了忙碌的日子，白天他是一名邮差和搬运工，晚上他俨然成了一名建筑设计师，把他的所有想法画在纸上，当地人都觉得他的脑子出了问题。在这堆满石头的房间里，沉默寡言的男人画着匪夷所思的图纸。

而他一直忙碌下去，他走过很多座山，趟过很多条河，路过很多乡村，他不间断地收寻石头，运输石头，当石头积攒多了，他便开始设计石头，堆积石头，而在别人看来，他不过只是如同小孩子那样，在海边沙滩玩着堆砌沙堡的游戏，没有人把他的"城堡"当真。与他年纪相仿的年轻人纷纷娶妻生子，做着一些单调忙碌的工作养家糊口，过着平凡而乏味的日子。

二十几年过去，当年的年轻人鬓发染霜，偶尔结伴进酒馆喝酒，年少时的憧憬不过是过眼云烟，连想都不愿去想，甚至已经忘记是什么模样。他们的孩子渐渐长大，也开始做着渺远的梦，或许他们也同父辈们一样，重复着一样的路。

而他的忙碌，就忙碌了二十几年。二十多年后，法国一家报纸的记者无意中发现了一片错落有致的城堡，风格奇特，令人叹为观止。记者心中充满敬佩，为此写了一篇文章，从此以后，这座城堡渐渐出名。许多人慕名来参观这座城堡。

这座城堡就是后来的人们看到的著名建筑——薛瓦勒之理想宫。

而那块当年绊倒邮差的石头上，被他刻上了这样一句话：

我想知道，一块有了梦想的石头能走多远。

上苍是美好的，它赋予我们美好的梦。比如想当一名宇航员游历银河星系，在遥远的地方遥望蓝色星球；想拥有一个大花园，收集许多奇妙的种子，看它们成长为片片花田；想当一名歌者，和志同道合的朋友开着音乐车给世界各地不同肤色的人们唱歌；想开一个充满个人风格的店，迎接四面八方而来的客人；或者如同那位法国邮差这样，收集漂亮的石头，盖一座自己的城堡。

上苍是公平的，它用一杆平稳的称，称得出你实现梦想的重量。不是泛泛而谈，是需要用脚步，踏踏实实、一步一步地去实现。宇航员需要拔尖的专业技能、过硬的身体素质；拥有大花园需要够大的土地，建筑、地质、植物、美术、农业等各学科相关知识；游历世界的歌者，虽一定程度上受先天条件限制，但更大程度上要靠后天扎实基本功，取长补短，以及会几门外语；想开店，要有充足的资金，为人处事的能力，灵活的经商头脑……就连当初那位邮差想盖城堡，也需要很多很多石头，日复一日地搬运，不畏流言的心境与锲而不舍的坚持。

上苍用挫折告诉你路途艰辛，用悲伤告诉你珍惜眼前，用流言告诉你心境平和，用陡坡告诉你一马平川。

是的，梦想很美，但实现的过程太枯燥、漫长、艰辛、布满荆棘。有哲人曾说，梦里走了很多路，醒来还是在床上。这句话形象地告诉我们，人不能躺在梦境式的想法中，需要大胆去尝试，哪怕尝试失败了，也不要气馁。

谁不经历失败？谁会一路顺风？成功的路上有着无数的失败，失败是在提醒我们不要再犯曾经的错误，但如果在梦境中沉溺，等待着幸运之神眷顾，对旁人的猜疑而逐渐动摇，而不主动迈出起跑线寻找机遇，走完这个过程就会遥遥无期，甚至在等待的过程里丧失了原本的信念。

"试玉要烧三日满，辨材须待七年期"。坚持，是在实现梦想的道路上对人心的考验。仿佛一杯隔夜的茶，因为长时间的浸泡，味道虽在，芬芳却荡然无存。人生况味，世事沧桑，难以言尽。人也许也会在环境中改变，层层压力使得人变得现实、虚荣、淡漠、麻木、堕落，安于现状，泯灭了才华，枯竭了灵感，越来越不像当初的自己，也许当初的梦想，在现在看来已经是令人望尘莫及的奢望。

但是，既然拥有了目标，就要经历风霜。毕竟每个人的梦想不同，所以追求的生活就不同，发生的故事也不同。有人可以在一杯白开水里喝出人生百味，有人即使在水里加了酸甜苦辣的调味剂，也觉得无滋无味。坚持不了，是山重水复疑无路，坚持下去，是柳暗花明又一村。

人生苦短，珍惜当下，先行动先成功，毕竟岁月不能回头，时光不能倒流。转瞬即逝的那些日子，就如一片叶子从抽芽到落地，一朵昙花从含苞到凋谢，一只蝉从鸣叫到死去，甚至在弹指间便生死难料。也许此刻的你还在憧憬着一些似乎永远做不完的梦，想着我明天一定要早起看书，明天一定要开始努力……待梦醒之后付之一笑，但已经有很多的人，早已开始为着他们的梦想努力着。真正在意的人，是不会为着一些理由拖延的。

这世上也许有少数人的实现梦想之路平坦通达，但请不要去羡慕，更多普通人还是必须经历风雨兼程，一波三折。在这流淌的时光里，执着于奋斗的过程，每一寸光阴都要亲历，每一个脚步都要踏实，这样的人生才是完满的。

梦想，不仅仅只是梦想。如果你愿意在人生的书页上记下真实的一笔，愿意用行动与信心换取梦想，感谢美好，相信公平，接受残酷，努力坚持，先人一步，才不算辜负上苍赋予我们的短暂生命。去实现梦想吧！像邮差薛瓦勒先生那样，去盖一座属于你自己的"城堡"，让梦境变成现实，努力了，虽不一定会带来对等的收获，但若不去实现，也许一辈子都只能做着缥缈的梦。

不要担心，每个人都有自己的弱点

那澜

是啊，我们都是平凡的人，都将过平凡的日子。可即便是平凡，我们仍旧不会放弃梦想、不会放弃希望，不会放弃追求，不会放弃进步。平静的生活，看书、散步、运动、阅读、做饭、旅行，都只是一种简单的表象，我们的心知道将要去往哪里，并且，我们的灵魂会坚持着与我们的心一起跋涉。

路太长了。人生之中，能伤害你、能救赎你，能决定你将来成为一个什么样人的人，只有你自己。是的，只有你自己。

我有个小友，名叫小安，今年不过十六七岁，才刚读高三而已。

起初，我受她父亲之托，辅导她作文。她性格内向，文笔细腻，写作不乏精彩，故而我也不敢妄自"辅导"，不过与她同阅读、同写作，共勉而已。久而久之，两人竟也颇多默契，小安独爱与我多聊几句，也实在是我的荣幸。

前几日交换周记本，我翻阅她的作文，她写一篇随笔，叫《平凡的生活》，读来不觉诧异。

我忧心忡忡，约着小娃儿去吃冰激凌，将天气、环境、日常、娱乐、新闻、八卦都扯了个八开，才转到了她那篇周记。

"小安，你真的这样想吗？"

她果然变了脸色，"我随便写的。"

我给她安抚的微笑，漫不经心地搅弄着眼前的咖啡。

"上帝为你关上一扇门，必定会为你打开一扇窗。"

她怒视着我，问：是不是我爸妈派你来做说客！我这就知你们大人全都不靠谱，亏我还将你当作朋友！

我只好举手投降，再三言明反复安抚，才终于让她放下芥蒂。她方生过气，向来白皙的脸庞染了一抹红晕，一双大眼睛水汪汪的倔强着，又带着那么一点点可爱可怜，虽谈不上美人，但青春是多么珍贵的化妆品！

她别扭半天，最终决定一吐为快。

她看上了她们班长。少年英俊挺拔，眉目清朗，像电视剧里冷峻有型的男主角，向来不苟言笑，又独来独往，偏偏那难得一见的笑容令人心醉。

"他笑起来就像个孩子样，特别……特别……"她眼睛潮润，脸颊上的红去了又来，比欧美大牌的腮红还要出彩，"他有一对小酒窝。学习也好。"

她这样说的时候，我就跟着笑。恍惚想起当年自己暗恋着某人的时光。

彼时我又瘦又小，胆怯又自卑，蜷缩在自己小小的世界里，从来不敢出头。晨起的时候躲在教室里看他从楼下经过，晚自习下课在操场偷窥他跑步锻炼。

也曾经年少无知。

"可是他不喜欢我，他不可能喜欢我的。"小姑娘又开始难过。

怎么办呢？

"我不能生在富贵人家，没有过人的才艺与出众的智慧。相貌平平、品位俗常，也没有贵人相助。意志力欠缺、成绩寻常，在家不勤于家务，在外也不被称道。既不像白雪公主般善良纯洁，也不似公主后母阴险邪恶。想学黛玉对花伤情，却又才疏学浅。想学木兰征战沙场，奈何勇气不足。想像兰芝坚贞不渝，却无从觅寻那个坚如磐石的夫君。因此，我也只能做个普通人，过着平凡的生活。"

我抽出她周记本，读了这一段，她瞬间泪汪汪想要哭泣。

"周迅曾说她最大的愿望就是能在仲夏之夜，穿着T恤、短裤、拖鞋，挽着爱人的手，一起上街散步，买个西瓜回家，一切两半，两人用勺吃西瓜。这是多么平实的一种生活，多么温馨的一幅画面。一个41岁的成功女性，在经历了大风大浪后述说了这番肺腑之言，我想这便是饱经人间冷暖后感悟出的人生真谛吧。那么，我们平凡的人，还争什么、斗什么、忌妒什么、怨什么呢？这不就是我们的生活吗？我们每天过着明星渴望着的生活却不知足，向往着明星们拼命想要逃离的世界。"

就听见咖啡馆一首老歌响起："曾经在幽幽暗暗、反反复复中追问，才知道平平淡淡、从从容容才是真。"

小安一脸淡定，表情看不出是什么，只是空荡荡地看不真切，她说："多么愚蠢。还不如怀着平静的心情，去迎接每一个黎明。"

她描述高考后想要的生活：早睡早起，晨跑，准备早餐。侍弄那些被冷落已久的花，收拾房间，叠好衣服，学会做饭，做自己爱吃的饭菜，再学别人爱吃的，学会做鸡、做鱼、包水饺，学会生活。晚饭后散步，或者自己，或与家人。进行一次旅行，爬山或看海，漂流或蹦极。学习一件乐器，吉他或钢琴；学习一种舞蹈，国标或爵士舞，只是学习而已，无所谓学会。闲来无事就听听音乐做做运动，累了洗个苹果解渴。读几本书，金庸小说、《红楼梦》。谈一次恋爱，但只是去看几场电影，并不为此改变生活。

"小安。"

我一时怅然，竟略微有些无语。

所谓青春，原本就是一种疼痛的存在。所谓成长，原本就是一种永不停歇的妥协。可如果我们在还没有开始的时候就选择了退缩，就认定了结局，那这漫长的一生，我们究竟要怎么才能走到尽头？

我给她介绍了我的一位老友。

相比农村女诗人余秀华，这少年还要更加励志。他身体重度残疾，小儿麻痹后遗症使得他整个人都像一段拧紧的布条，一天之中有大半的时间他在不由自主地颤抖和抽搐，但是他能读书，他会写诗，虽然他的文字常常会让我觉得我是个文盲。

我从来不同情他，也不敬佩他，我十分地尊重他。

在争得友人同意后，我带着小安去他的书屋阅读。他被绑在轮椅上，以一种怪异的姿态出现在我们面前，言谈十分艰难，往往一句话没有说完，口水已经濡湿他的下巴。我一脸"嫌弃"，笑嘻嘻抽了纸巾给他擦嘴巴。他也不恼，笑声听起来十分怪异，含笑的眼睛却让人觉得十分舒服。后来他干脆也不说话，费尽力气，用唯一能动的脚趾来打字跟我们交流。

纵使艰难至此，他始终乐观，笑容安和，眼底纯净。

临走，我们带走他的诗集，也带走很多欢笑。

我又与小安长谈。

是啊，她憧憬的那些生活，是多么平静而又不失优雅。有情趣、有情调，而又丰富多彩，充满着一个小女人的憧憬和安定，可是为什么我会觉得这是三十岁之后，甚至五十岁之后不着急过的日子呢？

十七岁时，你不漂亮，你可以怪自己的母亲没有遗传你姣好的容颜；但是三十岁的你依然不漂亮，只能怪自己，因为在漫长的日子里，你没有往自己的生命里注入新的东西。如果你现在还不是独一无二的，如果你这一辈子都没有成为独一无二的自己，要么是因为你没有不断往你的头皮底下注入新的东西，要么是因为你甘心向命运就范，躺在社会环境铸就的模具里，将自己锻造成了器化、物化或者器物化机器大生产的一个零部件了。小安，你真的愿意在你的青春还没有开始的时候，就彻底将自己放逐吗？

是啊，我们都是平凡的人，都将过平凡的日子。可即便是平凡，我们仍旧不会放弃梦想、不会放弃希望，不会放弃追求，不会放弃进步。平静的生活，看书、散步、运动、阅读、做饭、旅行，都只是一种简单的表象，我们的心知道将要去往哪里，并且，我们的灵魂会坚持着与之我们的心一起跋涉。

路太长了。人生之中，能伤害你、能救赎你，能决定你将来成为一个什么样人的人，只有你自己。是的，只有你自己。

就像我那残疾的友人。他浑身上下没有一个可以自由支配的零部件，但同样的，这样残缺的躯体禁锢不了他向往自由和美好的灵魂。那么，我们又有什么理由，因为一次失败的考试或者一次不成功的暗恋而去怀疑人生呢？

即便学习不好，或者失去爱情，即便周身有弱点，那又怎样呢？上帝会开了一扇窗户静静地等你，只看你能不能将那扇窗户找到。

人世间我们能掌握的事情其实很少。

比如说我们没法选择生在大富大贵之家，生来就是天之骄女，但我们可以选择加强个人的修养，让自己举手投足有分寸不失礼、高贵大方。比如说我们不能选择自己的容貌，没办法生来就花容月貌一笑倾城，但可以选择"腹有诗书气自华"气质独特姿态文雅。比如说我们没法选择生为天才，与生俱来"过人的才艺与出众的智慧"，但是可以选择"笨鸟先飞"，付出比别人更多的努力来换取广博的知识、出众的才艺并出口成章。

我们可以没有白雪公主的美貌，但绝对可以选择拒绝后母的阴险邪恶。因为善良本来就是根植在灵魂深处的美德，也是成长中最华美的衣衫。

我们可以没有黛玉的才情，没有木兰的英勇，没有兰芝的固执，但是你会是你自己，独一无二的自己，你将拥有你的人生，追逐你的梦想，经历你的成长，并且最终——成就你自己。

我始终坚信，将梦想放在蓝天上，把目光落在脚下。筑梦踏实，一步一个脚印地走下去，爱下去，那么，未来一定会比想象得更宽广。

不要迟疑，青春的路上本来就有坎坷。

不要担心，每个人都有自己的弱点。

但你要知道，即便如此，你也是这世界上独一无二的你自己，你能做的，还有很多很多。

你一定会成为最优秀的人

醉伊笑红尘

我们究竟为什么出发呢？

我想，在每个人的童年记忆里，都会被自己的启蒙老师问过这样一个相似的问题——你的梦想是什么？"

彼时的我们大多信心满满地挺直胸膛，大声地将自己的梦想告诉班级的老师和同学。那时的天空很蓝，那时的梦想很近，总觉得触手可及，总觉得自己会跟太阳星星一样，应当闪亮。

有个孩子，从小不顾家人反对，不管风雨雷电，天寒地冻，坚持跑到一个僻静的山洞里偷读诗经，三年熟读诗经305篇，他后来成了中国最早的浪漫主义诗人，他的名字叫屈原。

有个孩子，从小失去了父亲，他当过裁缝工和香烟工，却被同事戏谑，怀疑他的性别，脱裤子检查过。他后来又当了一名歌剧演唱家，不久却坏了嗓子，再次失业，被剧院的人看作疯子，他后来成了世界文学童话的创始人，他的名字叫安徒生。

还有个孩子，十九个月时就丧失了视觉和听力，她从手语学起，几年后，掌握了英法德等五国语言，她后来被美国时代周刊评为十大英雄偶像之一，她就是闻名世界的盲聋女作家，她的名字叫海伦·凯勒。

时至今日，我们依然对这些曾经的"孩子们"说过的一些话印象满满，难以释怀。屈原的"路漫漫其修远兮，吾将上下而求索"，安徒生的"仅仅活着是不够的，还需要有阳光、自由和一点花的芬芳"，海伦·凯勒的"把活着的每一天都看作生命的最后一天"，仍然在激励着人们。

当今所谓的"成功学"大行其道，越来越多的人趋之若鹜时，鲜有人愿意静下心来去书海拾贝，为心灵的荒漠捧一缕清泉。好似追寻成功，就真的成了成功追寻的本义，使我不禁想起了诗人纪伯伦的那句"我们已经走得太远，以至于忘了为什么出发"。

有人会问，对呀，我们究竟为什么出发呢？我想，在每个人的童年记忆里，都会被自己的启蒙老师问过这样一个相似的问题——你的梦想是什么？彼时的我们大多信心满满地挺直胸膛，大声地将自己的梦想告诉班级的老师和同学。那时的天空很蓝，那时的梦想很近，总觉得触手可及，总觉得自己会跟太阳星星一样，应当闪亮。

可是五年过去了，十年过去了，当我手抚着额头再次回望时，看到的听到的，更多的是现实的嘈杂和一个个装满梦想的水晶球破碎的声音，它们曾经被保存得那般完好，不容玷污，却也不敢现实的轻指一碰。叹息过后，我看到的是一个个曾经熟悉的身影，行色匆匆地为了生活奔走呼号。

我们怎么了？梦想怎么了？抑或是生活怎么了？安得广厦千万间，大庇天下梦想俱欢颜！

记得我人生的求学生涯中最迷惘苦闷的是初中，因为我的小学是在村里念的，师资力量不足，以至于刚念初中时，都不知道有英语这门学科，26 个英文字母都不会写的我一度成为班级同学们的笑柄，甚至起初的几次单词考试，我的英文都打了零分，更是创造了学校几十年来的最低纪录！

只是别人嘲笑我，我却不能嘲笑自己，不能拿起阿 Q 精神画圆的我，只能拿起笔来学习。从七月的炎炎夏日到九月的枫红柳黄，教材上的单词短语，不分昼夜地背写了几百遍，于是，我收获了英语考试有史以来的第一次 60 分，是英语老师亲自把卷子发到我手中的。

泪水不听话地打湿了那几笔殷红的分数，长时间以来委屈的积压兑换成了不可抑止的情绪，英语老师眼含怜爱地看了我一眼，随即旁若无人地当着同学的面对我说道："孩子，你是一个很有内秀的人！你将来一定会成为一个优秀的人！"原来，她竟然知道我有写日记的习惯，原来，她竟然无意间翻看到了我写的日记。当然，这是毕业前，英语老师亲口告诉我的！这些琐碎的因果，相对于她那句带给我无限前行力量与光芒的话而言，显得是那么微不足道。

是啊，我一定会成为一个最优秀的人！正是抱着这个必胜的信念入眠，我终于考上了省重点高中，而我当年中考的英语成绩是差零点五满分。后来，我把写日记换成了写文学小说；再后来，我果真成了一名作者，勤勤恳恳地在写作梦想的道路上耕耘不遗余力，而属于我梦想的那颗水晶球，尽管渺小却始终璀璨。

我不得不说自己非常幸运，在成长的道路上，在梦想的羁旅中，总会有良师益友指点陪伴。我也不得不承认自己的努力，那是一种不撞南墙不回头的坚持！

恰似几天前有个好友对我调侃道："现在微信朋友圈都是各种微商和创业资讯泛滥，而你每次总发些不食人间烟火的文字链接，你妈妈知道吗？"

我脑补了下他嘴角心中沾惹的笑意与关心，敲击了一行字给他："我妈妈不知道，但是我的心却知道！"多少人想着以后，我却在关心着从前。从前，时间很长，一生只能爱一人。

你一定会成为最优秀的人！就像我前面所说的：彼时，当屈原在山洞中苦读诗经，为精进郁闷时，他的姐姐一定会柔声细语地对他说过这句话；当安徒生前往文学院学习深造、临别款款时，他的朋友也一定会声色动情地对他说过这句话；当海伦·凯勒苦于盲聋，发脾气摔东西时，她的恩师也一定温暖慈爱地对她说过这句话，只是我们世人的关注点总是盲目的，我们能看得到头顶太阳的光辉，却看不到太阳的内核每天经历多少次剧烈的爆炸。从此，我们便喜欢歌颂起事物的表象，而忽略了事物发展变化的真正本质。于是，名人的头上总是被赋予缠绕着一圈光环，而普通人却觉得自己连生活本身都是被包裹了无数层厚厚的泡沫。

怎能如此来评判成功与优秀与否！就像牛顿曾委婉地表达自己不过是偶然在海边拾捡到美丽贝壳的孩子。我想身为普通人的大多数，我们没理由来张扬，更没理由来表达谦卑，我们的标准，只不过是个"孩子"，我们的优秀，也莫过于遵循内心的声音。

从此，优秀可以如海子般喂马劈柴，周游世界，也可以如范仲淹一般，先天下之忧而忧，后天下之乐而乐，也可以若东坡居士一般，竹杖芒鞋轻胜马，一蓑烟雨任平生。

我们的时光，是无忧的时光；我们的优秀，是自己眼中的优秀。

你一定会成为最优秀的人！只是，你真的准备好自己了吗？在白雪皑皑的漠河，在葱郁温润的腾冲，在中国这片广袤大地上的东西南北中，创造财富的同时也要守护好属于自己梦想的那颗璀璨的水晶球。时时擦拭，刻刻反观，不要轻易摔碎，不要沾惹尘埃。我相信，你们的优秀就一定会从自我坚守中得以实现！

这个世界没有不劳而获的事

王玉秀

不是所有的花都是向日葵，只要愿意，就像我这样只拥有左手的人，一样可以拥有灿烂的人生。

麦卡锡是英国萨里郡塔德沃斯市人，出生时右臂只有肘上短短的一截，这使他看起来就像个截肢者。一次聚会中，他偶然接触到了音乐，顿觉得自己像坠入了爱河，找到了生活的方向。他不停地告诉自己，虽然我没有右手，但仍然可以做很多事情，包括音乐，包括成为钢琴师。

在麦卡锡14岁生日时，父母给他买了一台电子琴作为礼物，也是从那时起，麦卡锡开始学习如何使用左手和残缺的右臂来弹琴。不久他发现自己竟能用残缺的右臂弹出单键音符，他乐坏了，接着他又开始尝试着用学校音乐课学到的知识去识别五线谱，依靠CD来学习弹奏贝多芬和莫扎特的乐曲。17岁时，麦卡锡进入伦敦市政厅音乐戏剧学校初中部就读，获得学校年度钢琴演奏奖。

为了使自己的琴艺更加精湛，接着他又报名参加了伦敦盖德豪尔音乐学院的周末进修班。在那里，麦卡锡遇见了他人生中的第一位伯乐，著名钢琴家路茜·帕尔汉姆。导师告诉他，世界上有许多专供左手弹奏的美妙乐曲，其中最著名的是拉维尔的D大调钢琴协奏曲，她要求麦卡锡不再借助残缺的右臂，只用左手来演奏左手乐曲。面对这对他来说有些过分的要求，麦卡锡感到十分难过，他以为自己要放弃贝多芬和莫扎特，再也不能与音乐为伍。

面对导师的期望，理想的追求，麦卡锡最终选择了坚持。坚持不懈不仅让他成为英国第一个残疾人管弦乐队帕拉管弦乐队的钢琴师，而且也是英国皇家音乐学院130年历史上第一位独臂钢琴师。面对这样的殊荣，他只是笑笑，如此淡泊。

不是所有的花都是向日葵，只要愿意，就像我这样只拥有左手的人，一样可以拥有灿烂的人生。

麦卡锡是不幸的，但他又是幸运的，他那积极乐观的性格以及坚持不懈的韧力最终助他实现了人生的理想。在生活的路上，他承受了太多质疑、白眼与不屑，但他选择了接受与默默付出。

麦卡锡曾感言："那些话非常打击人，因为音乐是我的梦想，从那时起我就意识到这将是一场艰苦的斗争。但我从不轻言放弃，相反，正是这些话激励着我更坚定地把琴弹下去。因为再多的烦恼也不能为我换来一只手，很感谢父母培养了我积极乐观的生活态度，但我更感激那些嘲笑我的人，是他们将我一步步推上了音乐的顶峰，收获了成功。"

诚如伟大的文学家鲁迅所说，成绩和辛勤劳动是成正比例的。有一分劳动就有一分收获，日积月累，从少到多，奇迹就可以被创造出来，而麦卡锡就是音乐界里的奇迹。

第一次接触到任吉美这个人是在陈浩老师的一次演讲中，第一是惊讶，接着就是震惊，最后是佩服。任吉美出生在胶东半岛海阳市一个极为普通的渔民家里，先天残疾，没有胳膊和手，命运注定她要比别人生活得艰难。从小她不能自己穿衣，不能自己端碗吃饭，更不能像其他兄弟姐妹们一样帮助母亲干活，她觉得自己成了家里的最大累赘。为此她偷偷地哭过，但命运的不幸并没有让她低头。

或许正是她的遭遇，让她从小就有股不服输的劲头，常常趁着父母不在家的时候，用脚学着去拿东西、吃饭、洗脸梳头，甚至试着用脚穿针引线。张飞穿针这个故事想必很多人都很熟悉，我们今天先不谈他做事的焦躁与鲁莽，就单单一个健全的男子汉面对穿针如此细微的事情都很头疼，更何况任吉美是一个无臂的孩子。

面对困难，面对别人的质疑与嘲弄，她选择了坚持，从一开始笨拙地踢翻碗筷，到最后自己生活的完全自理，甚至有些事情比正常人用手做得更为熟练。没有手臂无法写字，所以不能去上学。为此她整整哭了一晚上，她发誓一定要学会用脚写字，一定要上学。十岁时，她终于被送进了学校。在学校里，她用嘴翻书，用脚趾夹着笔写字，而且每次考试她都能考到全班第一。

不久，任吉美凭着自己的执着和对生活的热情，终于迎来了她人生中的春天。在村里一位热心大娘的帮助下，她和一位叫李恒竹的青年结识，当时李恒竹的母亲已经去世，父亲常年卧床不起，家中没有一件像样的家具。有的只是满屋子的臭味，一家子的愁容。善良的任吉美并没有被眼前的一切所吓倒，而是变得更加坚强。为了守住这个家，更好地照料老人，任吉美必须学会用脚做更多的事情，更多常人无法想象的事情。宝剑锋自磨砺出，梅花香自苦寒来。凭着她的毅力，她不仅学会了绘画和剪纸，绣花，擀面包饺子，更让人不可思议的是，不久后她居然还学会了用脚剪裁衣服。一有时间她便学着读书写字，很快她又学会了看报和写信，看着她熟练地将信纸放进信封里，我们不得不为之惊叹。

站在她的身后，我们总是不停地夸赞她的坚持与执着，其实这些光鲜的背后，又是怎样的一番汗水挥洒的天地，想必我们都不会知道，也无法预想，但有一点可以肯定，没有付出就不会有收获，天上不会无故掉下美味馅饼。教育家徐特立曾对他的学生说过，想不付出任何代价而得到幸福，那是个神话。唯有付出才能得到，想要得到多少，就必须先付出多少。付出时越是慷慨，得到的回报就越丰厚。付出时越吝啬，得到的就越是微薄。付出是没有存折的储蓄，而你总有取现的那一刻。

根据民政部数据显示，中国离婚率已连续十年走高。南京大学的一项调查显示，离婚诱因之中，婚外情以74.6%的高比率居首。2013年我国共有350万对夫妻办理离婚手续，比上年增长12.8%。面对这个惊人的增长速度，我们不能不慨叹新时代人们的爱情观。在如今快节奏的生活里，人们对爱情的诚信度貌似比翻书还要快。尽管李恒竹家境困难，长得也不够帅，但他也是个男人，任吉美却凭着自己的不倦付出守住了这个家。婚后不久，她为李恒竹生育了三个孩子，并靠着彼此的勤劳和智慧，让三个孩子都有了各自的幸福家庭。

"大家觉得我爽朗乐观，待人处事豁达，这是因为我首先懂得珍惜。我生来比别人少一双胳膊，我曾是别人谈话间的笑柄，但我也因此获得了更多的关爱。我要学着去感谢而不是抱怨，学着回报别人而不是去索取。"

任吉美淳朴的话语不禁让人动容，辛勤的耕耘是收获之本，良好的付出更是收获之源。想要成功，想要让人生满载而归，就一定要先学会付出。一分成功，十倍付出，百倍努力。在我们人生的旅途上，遍布着沼泽与荆棘，有可能我们需要在黑暗中摸索很长一段时间才能找到光明，找到属于自己的康庄大道。除去抱怨，其实，也正是因为这些人生才变得完美与完整，为了美丽喷发的那一瞬间，我们应该鼓足勇气，自信地对自己说一声再试一次。

再试一次，你就有可能到达成功的彼岸。或许我们的目的地不是成功，我们的理想也没有那么高尚与伟大，因为我们只是常人。只是一抹微笑，一个拥抱，如此简单而已。

此刻，我们不必去探究任吉美今天所能拥有的一切是经过多少次的再试一次，多少次的默默付出才能够拥有，但她创造了一个无臂女人的奇迹。笑过，哭过，但她成功了，人生路上，她满载而归。这一刻，让她所有辛勤的付出都变得值得，变得有意义。

想必这不单单靠的是她的善良，更是她对命运的不屈，对幸福的渴望以及对人生的执着付出。所有的忧伤都是过往，当时间慢慢沉淀，或许你会发现，得到的快乐比想象的多得多。多年以前播下的种子今朝终获大丰收，事实便是如此，那一张张孩子们的笑脸便是对时间最好的验证。有付出就有收获，你付出多少努力，就定有多少收获。或许收获的东西跟我们的付出不成正比，也可能收获的时间也不是我们渴求回报的时间，但一定会有收获，而这只是时间问题。

今天，我们都希望自己能收获财富、权力、地位以及更多更为灿烂的硕果，但天下没有免费的午餐，当你想获得丰收时，首先你必须先学会付出努力，正所谓，种瓜得瓜，种豆得豆，这样的道理再简单不过。就像耕作一样，播种、插秧与除草，每一个栽培的动作，农夫们都必须尽心尽力地付出，在秋收时间尚未来到之前，他们都明白，唯有努力付出才会有丰硕的收获。借用北宋政治家和史学家司马光的一句名言：用力多者收功远。没有超人的付出，就没有超人的成绩，说的就是这个道理。

第九章

你要感谢曾经不放弃的自己

　　每个人的成长，都伴着血色迷雾。每个梦想的实现，都伴着艰辛的付出。我们都会遇到各种各样的挫折和不顺，而恰恰是这些磨砺，教会我们如何成长。所以，梦想的实现哪有那么容易。可是，我们再努力一点，也便和梦想接近了一点。

以冲破云霄的力量，去怒放

章珈琪

奇迹从来都不是凭空降临的，正是那些顽强的坚持，时间迟早都给了你答案。

你曾一个人走在雨中，瑟缩在伞下，你曾望着冬日天空纷繁的雪花流着泪想念大洋彼岸的家，你无数次在夜里从梦魇中醒来，你又多少次在纽约大街汹涌的人潮中觉得流亡在天涯。

你曾多少次想起那个曾经喜欢了那么久的人，多少次按了那串熟悉的号码却终究又哭着在接通前停下。

可是，痛哭过后，夜色中是你匆匆的身影，你倔强地坚持，不甘心你执着的梦想。每一个清晨，你都告诉自己这是新的开始，每一个夜晚，你都要检验自己一天的收获。

那是个细雨绵绵的午后。

你跌跌撞撞地来找我说，你已经坠入人生最低谷。

我甚至分不清你脸上的是细雨还是泪水，漂亮的大眼睛雾气蒙蒙，却失了往日的生动。你坐在那里将面前的两杯不同颜色的果汁倒在一起，用勺子搅得乱七八糟，就好像是你那刻乱七八糟的心情。

你说，你喜欢他三年还多。可是，你三年的眷恋比不上另一个女孩一秒钟的爱情，你的初恋还没开始就被判了死刑。

你说，你从此没有家了，你爸爸和妈妈离异了，他们准备送你到美国留学，于是，你向往的播音主持梦破灭了。

你说，你以后就没有人生了。

第三天，你走的时候，我去送的你。想了两天的话，却不知道从何说起，后来我只说了几句话。

我说，绿萝，别忘记，你的名字是绿萝，绿萝永远都不会放弃梦想，永远会坚强，对不对？

你咬咬唇，眼含泪光，说，小葵姐，四年后，我会给你个好成绩。

2013 年国内上映了一部让人震撼的电影《中国合伙人》，影片的结尾，是我们耳熟能详的成功人士的照片，俞敏洪、徐小平、王强、张朝阳、王石、杨澜，甚至老干妈，我看完后泪已阑珊。

虽然影片是讲述 20 世纪 80 年代的故事，但是，却是对"奋斗"这两个字最好的诠释和演绎。这部影片所讲述的，正是这些成功人士的曾经，也是我们每个人的过往。伴着片尾曲《光阴的故事》，我真真切切看到了那个叫作青春的东西，看到了那个为梦想而执着前行的旅程，看到了那些迷茫，摔倒，爬起和奔跑。

当然，绿萝，我也看到了身在异乡的你，即便是登上洛克菲勒中心的顶层，身处繁华，你的年轻的心也仍然孤单和无助。

我把这部电影的视频传给了你，我相信你能找到你需要的力量，你看完给我发来手机短信，只有六个字：小葵姐，谢谢你。

我知道，这六个字等于万语千言。

每个人的成长，都伴着血色迷雾。每个梦想的实现，都伴着艰辛的付出。我们都会遇到各种各样的挫折和不顺，而恰恰是这些磨砺，教会你如何成长。

你会因为失意而沮丧，你会因为痛而哭泣，你会因为失败而不甘，你会因为压抑而近乎疯狂。可是你在哭过、闹过、愤怒过、崩溃过、疯狂过之后，还是擦干眼泪去坚强。因为，没人能越俎代庖，去帮你完成你的人生轨迹。你的伤，你的痛，只能你一个人治愈。

小时候我们每个女孩都希望自己成为童话故事里的那个公主。可是，我们也都知道，白雪公主也曾被恶毒王后陷害，吃了毒苹果。美丽的小美人鱼，为了追求爱情幸福，也曾忍受巨大痛苦，才脱去鱼形，变成人形。甚至风靡全球四十多年的芭比公主在每一个故事里也都是千回百转，最后才和心爱的王子终成眷属。

所以，梦想的实现哪有那么容易。

可是，我们再努力一点，也便和梦想接近了一点。

这些道理，我猜，你都了解，不用我多言，因为你是那么优秀的女孩，一直都是。

你喜欢的人不喜欢你，于是你开始怀疑自己的魅力。你努力做的事情做不好，于是你开始怀疑自己的能力。

其实，很多事情不如意，那是因为，还没到最后。

你要相信，这世上一定有一个人在等待你，等待你变得更好，他也在努力变得更好，才来和你相遇。你们还没有相遇，是因为还没到时机。

你要相信，你的梦想虽然还没有实现，但是你很快便可以丈量出与梦想的距离。

绿萝，你一直还在路上。

不要彷徨，不要迷茫，不要焦急。

未来正在微笑走向你。

去年夏末我去曼哈顿出公差，我很震撼地在一档华人节目中看到了你。我简直不敢相信自己的眼睛。仔细辨认，没错，是你，绿萝，让小葵姐骄傲的绿萝。

你主持的是一档大学生综艺节目，智慧与美貌兼具的气质，实在让人心生喜欢。现场气氛松弛有度，节目质量很高。我在互联网上查到了你的资料。

从进入美国哥伦比亚大学法学院起，你便从未放纵过自己。你很早就一边在华人区教汉语，一边修完了必修科目的学分，并且选修了新闻系的课程，入学不久便开始参加学校里的各项比赛，获得了多项荣誉，并且提高了自己的综合能力和实践经验。在半年前就申报了曼哈顿电视台这档节目的嘉宾主持，试播一个月后就被破格重用。半年多来，这档节目因为你的个人魅力吸引了大量粉丝，他们来自世界各地。

可以想见，如此优秀的你，自然是众星捧月，喜欢你的男孩子一定数不胜数。

因为，你身上有满满的能量和光华，没有哪个男孩子会不喜欢。

本来想去给你个惊喜，可是我到了你学校，才得知，你去了宾夕法尼亚录节目。虽然错过，我却满心欣喜。我相信，等我们下次相遇，我还会看到更多的惊喜。

意大利诗人夸西莫多曾说："我没有芦苇的纤细，我只有绿叶的闪亮，我有一片绿荫，便可展示灵魂的专长。"敢于尝试是一个人敢于挑战自我的表现。只有敢于尝试失败，才有可能取得成功。只有敢于尝试寒冬的刺骨，才会迎来春天的芬芳。

"孔席不暖，墨突不黔"，古成大事者，必少不了勤奋努力。

"会当凌绝顶，一览众山小。"可是首先，要勇敢不懈地爬上那座山。千里之行始于足下，那些从未实现梦想的人，是因为从未出发。

没有谁的人生是准备好的人生，也没有谁的人生旅途中没有失败和挫折。马云37岁之前的人生只有两个字：失败，可是，他永不退缩，永远向前，永远在路上。

奇迹从来都不是凭空降临的，正是那些顽强的坚持，时间迟早都给了你答案。

你曾一个人走在雨中，瑟缩在伞下，你曾望着冬日天空纷繁的雪花流着泪想念大洋彼岸的家，你无数次在夜里从梦魇中醒来，你又多少次在纽约大街汹涌的人潮中觉得流亡在天涯。

你曾多少次想起那个曾经喜欢了那么久的人，多少次按了那串熟悉的号码却终究又哭着在接通前停下。

可是，痛哭过后，夜色中是你匆匆的身影，你倔强地坚持，不甘心你执着的梦想。每一个清晨，你都告诉自己这是新的开始，每一个夜晚，你都要检验自己一天的收获。

下一次相遇，已经是一年之后，也是我们约定的第四年之后。

那也是一个细雨绵绵的午后。

我去机场接的你，却不是你一个人。

我就知道，这次再见面，你会给我更多惊喜。

小伙子气宇轩昂，对你呵护备至，一看就让人心安。你已经毕业，以你几年的成绩完全可以留在电视台做中文主播，可是你说，曼哈顿并不是你最终的梦想，那里的繁华总会让你觉得孤独，你的根在家乡，你已经顺利考取北京电视台的播音主持。而你身边的这个美籍华人，誓要此生陪你流浪。你心之向往，便是他的七彩天堂。

在车上你欢快地说着趣事，说着思念。我一边开车一边从反光镜里看你。

你长大了，绿萝。

仿佛不久以前你还是那个梳着高高马尾辫的小姑娘，喜欢收集所有好看的贴纸，喜欢吃零食，喜欢和大人理论。不久前你还是那个刚刚遇到喜欢的男孩而懂得了思念、忌妒、拧巴和痛苦的小姑娘。

可是现在的你，已经羽化成蝶，眼中完全没有了当初的迷惘，代之的是明媚而坚定的光。那是历经沧桑后的沉稳和豁达，还有对梦想不曾改变的渴望。

从热爱的那一刻起，从热血沸腾的那一刹那，梦想便已经不是虚无得遥不可及。而唯有努力奔跑，逆风追寻，你终究化茧成蝶，生出羽翼，翻飞于辽阔天际。

我是不是可以说，你终于实现了梦想？

绿萝，我想告诉你，你正以冲破云霄的力量，在怒放。

未曾努力，怎能投降

幽蓝

不经历风雨，怎么会享受到美好的生活？不付出努力，不付出辛苦，不经历磨砺，怎么会收获成功的喜悦？我们只有挥洒汗水去奋斗，去努力，困难才能迎刃而解，成功就在前方等着我们。

世界发明大王爱迪生说过："天才，那就是一分灵感加上九十九分的汗水。"中国的近代文豪鲁迅先生说："哪里有天才，我是把喝咖啡的工夫都用在工作上了。"

那些被称之为天才的有名望的人，反观他们的辉煌成就，也都是经过一番艰辛的努力，才达到事业的成功。如果这些天才半路投降了，放弃了他们的事业和梦想，没有为之去努力，他们也就没有天才之说。世界也许也会因为他们而改变。

爱迪生发明电灯的时候，光收集有关电学方面的资料，就用了两百多本笔记本；为了找到合适的灯丝，先后试用过铜丝、白金丝等一千六百多种的材料，甚至还用头发和植物的纤维丝，最后选中了一种竹丝，经过燃烧炭化后，成为最初的灯丝。在这漫长的发明过程中，失败了多少次，只有爱迪生本人知道，他不向失败投降，用一股顽强的拼搏精神，成就了一个划时代的大发明。

只有在通往梦想的道路上艰难地奔跑，用付出的汗水拉近梦想和现实的距离，遇到困难迎头而上，才能达到目标。

竞争日益激烈的现代职场，饱和的市场，到处都是竞争，只有人们想不到的，没有找不到、或者买不到的。有两个大学刚毕业的好朋友，同时应聘到一家实力雄厚的鞋厂做销售员。新人加盟，公司把两人派到一个远离城市的山沟沟里面。小镇的高速环山公路才开通没多久。以前山里的人进一趟城，要走三天的山路，当地的绿色植被保存得很完整，有很多大城市缺少的珍稀药材。这里的气候和环境非常适合药材的生长，所以一条笔直的柏油马路，直通向村口，上千户人家也接受着浓郁的外来气息的熏陶。

两位刚出校门的鞋厂销售员就这样被派了过来。

"这是什么破地方？"李小鹏揉搓着被颠得快散架的强壮身躯，不由得叫苦连天。虽然通往这个山间小镇是有公路的，但蜿蜒曲折的道路，长途跋涉的艰辛，还是让出生在城里，并在城里长大的李小鹏和王亚龙受够了颠簸之苦。

王亚龙深深地呼吸着山间独有的清新空气，看着眼前充满原始气息的吊脚楼，离开尘世忙碌的压力那种轻松感油然而生。当然，他们也没忘了他们此行的目的，就在长途客车站旁找了家原竹楼改装的旅社。肮脏的竹楼，踩着摇摇摆摆的竹质楼梯，走进由一个很大空间隔成一间间的房间。放下行李，简单的梳洗后，两人就出门查看这里鞋子的市场情况。

寻访后，他们发现这个小镇没有鞋店，而且来来往往的当地人，都光着脚不穿鞋。他们找了个当地人问过才知道，因为这里地处亚热带，当地人从小就不穿鞋，脚底长着厚厚的老茧，有的人还用刀将脚底板挖成一排排的窟窿，就像城里面孩子们穿了踢球的球鞋底一样，走山路时可以起到防滑的作用。

"他们都不穿鞋，这鞋怎么卖啊?"李小鹏失望地跟王亚龙说。

"就是因为他们不穿鞋，这儿的鞋子市场才更广阔啊!"王亚龙充满憧憬地回答道。

"他们都不穿鞋，我们的鞋子卖给谁去啊?"李小鹏鄙视地看了眼王亚龙，"我看你是想成功想疯了。"

离开公司的时候，经理找他们谈过了，鞋业的竞争日益激烈，城市的鞋子市场已经呈现饱和状态，现在急需开发新的市场，否则他们两个人就面临着失业的可能性。

"大爷，你们为什么不穿鞋呀？"王亚龙亲热地询问着一位坐在路边看上去很和蔼的老大爷。"鞋？有啊，我们这儿男人是不穿鞋的，只有女人会穿。"老大爷笑眯眯地回答道。

原来这儿还是有穿鞋的。"那为什么没看到有卖鞋的地方呢？"王亚龙指着路边熙熙攘攘的人群，还有很多摆放着民族特色商品的小店铺，五颜六色的民族服装，闪耀着光芒的银器饰品，奇奇怪怪的特色食物，唯一缺少的就是鞋。

"我们这女人穿的鞋都是自家制的，大多数人还是不穿鞋，不方便，你看，那边那个人穿的就是我们这儿的鞋。"顺着老大爷指的方向，李小鹏和王亚龙望过去，看着远远的人群中有一位妙龄少女，脚上穿着一双竹制的凉鞋，有点类似我们城里的人字拖。

李小鹏和王亚龙两人仔细观察了一下，才发现集市里还是有不少女人穿着这样的鞋走来走去，但男人基本上不穿鞋。

"为什么男人不穿呢？"李小鹏问道。

"这是我们男人吃苦耐劳的本色啊，我们从小就习惯这样了。让我穿鞋，我还不习惯呢!"老大爷笑呵呵地回答。

李小鹏失望地看了兴致勃勃的王亚龙一眼。

两人谢过大爷，回到旅馆，激动的王亚龙兴奋地跟李小鹏说:"这里是个大市场啊，还好我们来得早。"李小鹏颓丧地看着王亚龙:"他们都不穿鞋，还大市场呢，能卖出去就不错了。"

第二天，两人拿了几双带来的鞋子，去集市上大大小小的商店推销。

"老板，这是我们厂生产的鞋子，你看你这里需要吗?"

"对不起，这里的人们穿的都是自家的鞋，这些鞋在这里是卖不出去的。"

"那他们能不能接受这些鞋呢?"

"这个我也不清楚，有人也来卖过鞋，只是没人买，就放弃了，你们不是第一个来卖鞋的。"李小鹏转身就奔向另一家商店，王亚龙继续跟老板聊着。

第三天，第四天……

一个星期很快就过去了，一双鞋也没有卖出去，两人收拾东西回单位了。

"经理，不是我们卖不出去，那边的人根本不穿鞋，没办法。"李小鹏失望地跟经理解释。

经理看向王亚龙，"那你看呢?"

"我觉得，如果给我机会，那里应该是一个庞大的市场。那里虽然只是一个小镇，但是在镇的四周还有很多没有被开发的村落，现在他们不穿鞋，不代表以后永远不穿。"

经理赞许地看着王亚龙，"好，小伙子有想法，那你看应该怎么做才好呢？"

李小鹏不赞同的眼光看着王亚龙。

"我的想法就是顺应他们的生活习惯，他们并不是彻底地不穿鞋，也有那种类似人字拖的鞋子。他们并不知道鞋子的好处，我认为，可不可以先免费赠送一些，让他们试穿，知道穿鞋的好处后，他们就会买了。"

经理沉吟了片刻道："那如果这事让你全权负责，你看可行吗？如果不成功，责任都由你承担，你还愿意去尝试吗？或者你愿意现在到车间里面做一名普通的制鞋工人？"

"我愿意去尝试，如果不成功，我愿意负全责，也感谢领导给我这次机会。"王亚龙高兴地回答。

王亚龙带着大批适合当地居民穿的软塑料凉鞋再次来到了小镇，他把鞋子分别送给集市上的小店铺和当地有名望的人，还有一些爱美的年轻人。因为塑料鞋不怕进水，而且凉爽，又可以保护脚不被路面上的石子硌着。穿过鞋的人觉得很舒服，都不愿意脱下来。有人上门来找王亚龙购买。时机到时，王亚龙马上从公司又运来大批的鞋子，很快销售一空。公司决定在这个小镇建立直销点，王亚龙的开拓精神和遇到困难不投降的做法，获得公司高层的赏识，很快升职为部门经理。而李小鹏却还在生产的第一线做一名普通的制鞋工人。

"把握生命里的每一分钟，全力以赴我们心中的梦。不经历风雨，怎么能见彩虹，没有人能随随便便成功……"成龙的一首《真心英雄》响遍了中国大地。不经历风雨，怎么能享受到美好的生活，不付出努力，不付出辛苦，不经历磨砺，怎么会收获成功的喜悦。我们只有挥洒汗水去奋斗，去努力，困难才能迎刃而解，成功就在前方等着我们。加油！

终于等到你，还好我没放弃

泥屋

能在最美的时光，等到心爱之人，淡淡地说上一句"终于等到你，还好我没放弃"，这本身就是一段极美极美的爱情。我想，不只爱情如此，亲情友情，梦想成功，更是如此。不在挫败中放弃，不在痛苦中沉沦，不在煎熬中迷失，不在黑暗中哭泣，而是穿越一切艰难险阻，抵达幸福彼岸。

一首《婚礼进行曲》缓缓拉开婚礼的序幕。新郎挽着新娘的手不疾不徐地走在红地毯上。周围玫瑰芳香弥漫，百合百年好合，亲朋佳友掌声雷动，幸福浪漫画面。新娘身着白色婚纱，穿金戴银，大放光彩，刺得我眼睛都睁不开。看着她脸上笑意盈盈，举手投足间幸福流溢，我心间泛起种种，新旧滋味，一股脑儿向我袭来。

新娘是我姨妹，我们青梅竹马两小无猜。小时候家里长辈还拿我们开涮，说将来把姨妹许配给我，我也只知道嘿嘿乐个不停，像个傻子般甜蜜地笑着。姨妹不仅人长得美丽大方，学习成绩还很优秀，性情亦是善良可人，我不敢奢望，亦不相信自己会有如此好福气，更明白近亲不可通婚。家里长辈比较老古董，都什么时代了，还以为活在过去呢！不过话说回来，姨妹一直是我理想爱情中的女主角。对姨妹，虽无爱情之缘，却珍爱有加，希望有一天，能有一个骑着白马的王子，驾着五彩云来娶她，并对她说："如果一定要给这个爱加个期限的话，我希望是一万年，一万万年。"

起初我听长辈谈起姨妹的男友，心里很是不爽。什么？这样一个毛头小子，没有骑着白马，没有山盟海誓也敢来娶姨妹。不过后来前去南京，听姨妹如数家珍地说起她和先生之间的故事，连我这个一向以理性自称的人都变得感性了。

他们的爱情，缘于一首歌。多浪漫的男人，用一首歌俘获我姨妹的芳心。打心里羡慕忌妒恨，恨是玩笑，祝福是真，有情有义的人天生就该做一辈子的情人，爱人。姨妹说："这个大傻瓜，大学居然暗恋我四年，只因家境不好，迟迟不敢表达心中爱意。"说这话时，姨妹和她先生十指相扣在一起，脸上洋溢出亲密爱人的幸福。

接着，姨妹先生走开一会儿，说下楼帮我们买点水果。趁这空隙，我忙笑问姨妹："这家伙虽说长得还可以，也看不出有什么魅力呀！"姨妹听出我话里有话，并不理会，反而笑我道："你呀，什么时候夸过别人。""那是一首什么歌来着？"

"邓丽君的《甜蜜蜜》哦！"

"这么甜蜜啊！"

几句调侃之后，姨妹谈起他们的爱情故事。

姨妹先生姓梁，可一点不娘。大学时他们认识，因喜欢唱歌、写作而结识，学校里的文娱活动常能见到他们的身影。说自己常常自卑，于是用美丽的文字和磁性的嗓音来武装自己，尽管那时喜欢他的女生多得虽不至于排队成行，三五成群常围绕身边是肯定有的，然而他一直不为所动。他对自己认识清楚，明白自己喜欢什么样的人，意志坚定，一些风吹草动，根本无法打动他的心。

"本来我以为两人恋爱似乎是顺水推舟的事。可缘分说来奇怪，明明可以在一起的人，却天各一方，不得不忍受相思之苦。"姨妹先生不知何时已回来，自然加入对往事的回忆中，说这话时，这个帅气脸庞的家伙似有点涩涩想哭的冲动，却拼命忍住，毕竟当着我这个客人的面。他继续追忆道："当年毕业后她去了南京工作。南京是她一直梦想的城市，我却留在了北京。毕业后，我们一直忙于工作，为事业打拼着，无心恋爱，也没有时间。我想爱一个人，就要给她最好的条件和环境，最好的呵护和疼爱。"

这个傻小子固执地并且也一直用自己的行动证明着，爱就要给她最好的，似乎苍天也被他们这种虔诚的爱感动了。短短四年，他从一个公司的职员做到副总。他说，为了她，命拼了都值，一切为了她。

爱情的力量足可鼓舞一个人为心爱的人奋不顾身，赴汤蹈火。

后来有一次，他来南京出差，暗地里早已安排好一切行程。表面上却打电话给我姨妹，说自己在北京。其实人就在我姨妹住的公寓附近，他盛情款款地问："还记得我曾经给你唱过的那首歌吗？"那是他们在一个夜晚出去轧马路时，他给她唱过的一首歌，一首动情的深情的甜蜜的歌。

　　姨妹听到这个男子的声音痴痴愣愣的，只剩心跳和呼吸声，仿若世界上的一切都消失了一般。她听着听筒里那首熟悉而甜蜜的歌，他那迷人充满磁性的嗓音，深深折服。却不知此时的他一边动情地唱着，一边向她款款而来。歌唱完了，也走到她门前。他对着话筒仍问："想见我吗？"

　　姨妹娇羞地点点头，才想起他看不到，忙道："想，可惜……"

　　"别可惜了，你打开门看看。"

　　姨妹心中疑惑，但她听到敲门声，难以置信地打开门，站在门外的不是他又是谁！顿时泪眼迷离。他笑她傻瓜，瞬时把她搂入怀中。

　　讲到这，姨妹感叹道："那么多年了，幸好我没有放弃，终于等到了我的白马王子、理想爱情。"

　　姨妹先生此时不顾客人在场，握住姨妹双手，配合着唱道："终于等到你，还好我没放弃。幸福来得好不容易，才会让人更加珍惜。"

　　此情此景，我这个电灯泡自觉退场。

　　南京之旅，收获不浅。原来纵然在这个爱情泛滥的时代，只要用心爱，真心等，也可以有甜蜜爱情，完美结局。"执子之手，与子偕老"，并非只是文学作品中的美好憧憬，在生活中亦是真真切切的幸福。也许正因得之不易，才会倍加珍惜。

试想，如若他们两人中任何一方先放弃，没有将爱情进行到底，又怎么会有如今美好的牵手呢？坚持不一定会有美好的结局，但不尝试努力，不持之以恒，再美丽的花朵也会枯萎的，再有缘的爱情也会失散。

能在最美的时光，等到心爱之人，淡淡地说上一句"终于等到你，还好我没放弃"。这本身就是一段极美极美的爱情。我想，不只爱情如此，亲情友情，梦想成功，更是如此。不在挫败中放弃，不在痛苦中沉沦，不在煎熬中迷失，不在黑暗中哭泣，而是穿越一切艰难险阻，抵达幸福彼岸。

坚持走下去，梦想会温暖时光

石章宏

在一如既往的写作中，当写作成为我日常生活的一部分时，虽说就写作结果而言，还未得到普遍认可，我已然感受到因写作而温暖了那些已经逝去的时光。我笃定，只要坚持走下去，梦想一定会温暖并且照亮未来的时光。

　　我小时候体弱多病，母亲背着我走遍大城小乡，寻医问药为我治病，终是没有起色，后来一位先生见我母亲可怜，就说我名字取得不好，应该改一下名字，兴许病便能好，我母亲本不信那些巫术，只因治病心切，便真给我改了名字。

　　于是我的名字"石宏志"随即被改为"石章宏"，那时候我八岁，当老师叫我的新名字"石章宏"时，我总是愣上半天才意识到是在叫我。同学们听见这个名字更是先东张西望然后对着我哈哈大笑。他们叫我名字时便常常带着嘲笑的口吻，"石长哄""石常哄""石哄人"。

　　那些日子，我像一只过街的老鼠羞得总想找一个老鼠洞赶紧钻进去，永远也不再出来。很怀念原来的名字，但又怕母亲担心，就一直没有把在学校所受的屈辱对母亲说。

　　也许有的人不盼别人好，用我名字来取笑我的同学不但没有减少，反而增多了，甚至有一位男老师在全校大会上点名时，也把我的名字叫成"石常哄"，惹得全校师生哄堂大笑，我当时拿了一块石子，在地上写了那位狗都不如的老师的名字，并在名字上面又写了一个大大的"杀"字。那个"杀"字写出之后，我潮红的脸立即变得红光满面。不再害羞，也不想去钻老鼠洞，我坐等那狗老师给我道歉，不然我定要冲上讲台，撕破他的狗嘴。

可直等到开会结束，那老师也没有来找过我，更没说半句道歉的话。我也没冲上讲台，但我的内心开始变得强大，开始怀疑老师的公正。事情就那么不了了之了，后来听说那老师只是念了班长写好的名字，并无故意嘲笑我之意。可我的心已不可逆转地变得冷漠而坚强。我暗暗发誓，一定要把"石章宏"这个名字一直用下去，直到我死。"现在你们嘲笑我，以后总有一天，我要让你们看见我的名字就会瑟瑟发抖。"我心里想。

我经常看着我的名字发呆，有一天，我正仔细端详着这三个字。石是石头的石，章是文章的章，宏是宏伟的宏，突然有了灵感：坚强地写出宏伟的文章，当一名作家，当时已经学了鲁迅的《从百草园到三味书屋》。我要坚强地像鲁迅一样写出宏伟的文章。要让那些欺负我、嘲笑我的小东西看见我的名字就羞得钻进地缝，永远也别出来。

从那之后，我就坚持在各种能写的地方写字，写我的名字，写我的心情，写生活往事，写我被人欺负或者嘲笑的时间和地点，写我是怎样的孬种无力还手。写我的理想，写我未来的生活，从小学，到中学，再到大学。我凭着一股怒气努力地写，不知不觉中，我养成了每日写作的习惯，后来我的作文经常得到语文老师的表扬。然而我的目标是作家，深知这离我的梦想还相差甚远。我努力向杂志社投过稿件，只为了证明我的名字，但一律石沉大海，杳无音讯。

上大学后，我开始试着写诗歌，写散文，写小说，可每每写上几百个字就晃悠着进入了沉思，好长时间过去了，本子上还是那几百个字，拿起本子翻来覆去地看，也看不出个名堂，越看越觉得自己根本不是当作家的料。想到这儿，我便心灰意冷。在一段时间里，我的心情阴霾不堪，不想再触碰文字。然而，当我想起自己发誓要证明自己名字时，我便不再抱怨，心想，再大的困难，我也要坚持走下去。不去写，我实在找不出另一个能够发泄感情的渠道；不去写，我等于承认了自己的懦弱；不去写，我等于白受了那么多人的白眼。不行，我必须写，就算等我已经很老了还是没有任何成绩，我依然要写，写作是我唯一的方向，我要坚持到底。

很快，我又鬼使神差地写了起来，把心中的怨气全写成了文字，就算语句不通，就算词不达意，也照样能排遣心中的烦闷。我日复一日地写，即使写得再不好也无妨，至少我释放了内心的情感，至少我没有偏离航线。我依然记着要用写作来证明自己的名字。不过已不热衷于那古老的往事，渐渐忘却了往年的怨恨。我写只因为我不写不行，我写，已经写出更宽广的天地，偶尔，我还会想念那些用我的名字来嘲笑我的小伙伴，正是他们，让我有勇气这么仔细地研究自己，研究人生，研究这个世界。

在写作的过程中，我明白了许多以前不明白的事情，懂得了许多以前不懂的道理。但也写出了许多新的问题。带着这些问题，我看了许多书，中国的、外国的，现代的、古代的；文学类的，历史类的，哲学类，等等。读读写写之间，我悟出了许多道理，在我看来，现实社会是人类共生活的结合体。我们不仅生活在客观世界中，而且生活在各自的想象中。我还意识到，正是由于我小时候的生活经历，才有了现在的多重人格。我明白了世人总在犯错却不知悔改的原因及后果，我领略了意识和潜意识之间的相互作用，明白了本我、自我和超我之间的相互关系。在写作中，我从现实中走远——唯我独尊，又融入了现实——消失了自我。从写诗到写小说，再到觉得人本就应该活在小说里，我变了，变得不再是我，又依然是我。我似乎经历了人生的三种境界。脑袋里一会儿混沌一片，一会儿又理清了头绪。

近一年里，我在工作之余，用了大量的时间和精力来进行创作，虽然很少有人知道我在干什么。我却很肯定地用作家这个名号来定义自己了。我意识到，真正的人生，并不是以出名为目的的，而是以实现自我为目的的，而我所想要的自我实现，并不是非要人人都知道我的名字，认可我的观点，给我以某种方便。相反地，我更愿意隐身于茫茫人海，仔细品味我的身体、我的思想和我的名字。只有这样，我才更逍遥自在。我开始感谢那些嘲笑我名字的人了，他们才是我的恩人。

如今，我有了完全独立的人生观和世界观，虽不能用三言两语来表达清楚，但我会用余生把"我"尽可能表达清楚。文学的表达是我最真实的生命，或许有人会觉得不可思议，但对于我是最真诚、最真实的。

在一如既往的写作中，当写作成为我日常生活的一部分时，虽说就写作结果而言，还未得到普遍认可，但我已然感受到因写作而温暖了那些已经逝去的时光。我笃定，只要坚持走下去，梦想一定会温暖并且照亮未来的时光。

总有一天，你会感激曾经拼命付出的自己

清清淡淡

> 那时曾经的努力，流汗流泪，却为自己赢得了未来，想想那时的努力，想想现在还算满意的生活，我感激那些曾经为我付出的人，但更感激曾经为此拼命付出的自己。

经过了一些岁月以后，你才能体会到什么叫幸福，就像如今的我，谈不上富有，但衣食无忧，谈不上高雅，但每天精神充实日子快乐，与曾经的一些同学、邻居乃至同龄人相比，感觉到了知天命的自己还算比较幸福。

"幸福不是毛毛雨，不会自己从天上掉下来"。是啊，每个人的幸福，都不会凭空而来，努力、选择、心态都会影响我们的幸福，自己、家人、周围人也会影响我们的幸福。但终究"内因是变化的根据"，也就是说，在大多数情况下，幸福与不幸福取决于我们自己，并且，当你上了一定年纪，哪怕是独处，你仍然能从容生活，甚至依然能感觉到幸福。那你一定是曾经努力过，你会感谢这个世界，但你首先要感谢的当是自己。

想想现在的自己，想想曾经的努力，我必须感谢一些人，我不会忘记他们，但首先要感谢的是我自己，我愿意通过文字的方式与人分享。其实，这些文字是我在医院里陪护妻子时写下的。下面就从我曾经为之流汗又流泪的高考开始讲述吧。

有太多的中国人因为有了高考改变了人生，改变了命运，我就是这其中的一个。如果没有高考，我知道的是，像我这样一个生在农村、长在农村只能顺着垄沟找豆包吃的农家孩子，像我们那样的家庭成分（中农），是根本不会有什么机会的。

人，更多的时候是输在了努力的过程不够，而不是起跑线上。

其实我的起跑线算是比较低的。轮到我参加高考时已是 1979 年了，那个时候，我所在的学校是个社中，这个社指的是公社，这个词对于现在 30 岁以下的人来说，是没有什么记忆的。公社，其实就是后来的乡，现在，全县的高中也没几所，想想看，那时的社中会是个什么样子的呢？我参与了那个社中的全部建设，虽说是学生，但白天多是建校劳动，夜晚还要在老师的带领下看守在建的校园，平时支农劳动也很多。那时的老师呢？与现在的师资比，说得难听点，真没什么高水平的。再说教科书吧，除了发的几本课本外，根本就没有什么教辅材料。我记得我们那届，一个年级只有一两本，只有班里学习最好的那个学生才可能看得到，而且，在社中念书期间，我都不知道还有个外语的考试科目，学校也不开设这门课。我们那个社中，只办了两届高中，我是第二届。

我高中毕业那一年，我们一届的两个班只有一个同学考了个中专。高考结束后，那个同学去上学了，我才发现，考上与考不上，一个人的命运会完全不同。所以，过了两个月后，我表达了愿意复习的想法，爸妈就托人让我去了当时的县第三中学复习了。那一年我是十分卖力的，好在是在家吃住。那个时候还是大集体时代，家里生活很是艰苦，但与后来离家住校相比，生活上还不算太怎么艰苦。那一年的学习是带着压力的，就连上下学路上的时间都充分地利用上了，早晚时间更是夜以继日，力气没少使，但最终还是以低于分数线 6.5 分榜上无名。

我是个农家孩子，经过第二次高考以后，我已经看到了摆在我前面的路，只有三条：第一条是回乡务农，因为那个时候还是计划经济时代，你不可能到外面打工。第二条是当兵，但当兵这一条路，让爸爸一句话就给堵死了。爸爸说，你去当兵，过年不能回来，那咱家的年怎么过呀？于是，我能努力的就只有第三条，便是参加高考，而且，我很清楚，这将是一条充满汗水与泪水的荆棘之路，我也清楚并相信，起点很重要，但过程中的努力比起点更重要。

后来，我抓住一次机会去了县一中并被安排在了高三（3）班学习，在学习的这一年时间里，每天早上四点多就起床，晚上十点多才离开班级，巨大的升学压力也成了每个想改变自己命运的青年人的学习动力。在承受着没日没夜的学习压力的同时，还有一个更加现实的困难时时影响着我的身体，那就是每天吃不饱饭的问题。现在想想，那个时候物质太匮乏了，我时常在课堂上饿得头昏眼花，天旋地转，并且，从不在学校食堂打菜吃。因为这样的学习与生活，我的身心也受到了非常大的影响，但这些困难都没有难倒我，我在为我的高考与我的未来努力着。

一年后，在县一中，我参加了我的第三次高考，虽说苦没少吃，累没少受，遗憾的是，虽然超过录取分数线6.5分，但由于报考学校没有选好，没有被录取。那一年，我的身体状况已经对学习有了一些影响了，主要是时常头晕失眠，原因我也十分清楚，主要是营养不良。那时候还是公社大队生产队时代，大多数人家都比较贫困，我们家也十分的困难，即便是每个月5元或6元的生活学习费用，家里人也已经相当不容易地省吃简用才能给我凑齐。在这一点上，我十分感激父母和兄妹。有时候，看到有的学生能买上一块豆腐蘸酱油吃的时候，实在是羡慕得不得了，而努力的结果却是如此，我将何去何从呢？

人，在最困难的时候，信仰是战胜一切困难走向成功的法宝。

一番的心里斗争之后，高考成了我未来的希望，也成了我成就未来的信仰。在家人的支持下，我再次下定决心，于是又走进了县一中。

在第四次准备高考的一年里，我深知，这是最后的机会了，如果考不上，即使家人支持，我自己也吃不消了。

说起来那一年还是波澜起伏的。往年有没有预考我记不大清楚了，但这一年是有的。预考结束后，学校里张贴出来的上榜名单中居然没有我，我当时眼前发黑，大脑一片空白，绝望的心情只有我自己才知道，那天我都不知道是怎么回的家。到了家，一头扎到炕上，家里人当然知道发生了什么，着急地劝着我，可我一言不发，晚饭也不吃。

那天夜里我更是辗转难眠，难道这一千多个日日夜夜的努力就这样无果而终了吗？怎么向家人交代？怎么对得起家人的支持？他们又是怎样的失望？怎么对得起自己这几年的忍饥挨饿、吃苦受累？我的未来又在哪里呢？平日里早晚披星戴月地学呀学，高考的那三天里，因为神经衰弱，我几乎整夜失眠，每科考试前都得吃上两片去痛片，想想这些，我的眼泪止不住地涌了出来，默默地打湿了枕头，压力之巨大只有我自己知道。

第二天早上起来，一种不甘的心绪涌动着，这次预考的结果怎么和平时成绩差了那么多呢？就是预考没考上，我也得知道是哪科不行，失误在哪儿呀？没有结果认了，但原因总也得知道一下呀！怀着这样的一颗心，我喝了一口饭汤，便骑着二哥的那辆旧自行车急匆匆赶往三十里外的学校，我还没进校门，就有个同班学生远远地喊我，说班主任老师找我呢。当我见到老师时，他告诉我，分数统计错了，我在复习生中还名列前茅呢！听了这个消息，我的心就像开了两扇门一样，别提有多高兴了，飞一样地骑着车子回了家。预考中的这个玩笑开得有点大，差点没让我崩溃了。

一个月后，我参加了我的第四次高考，很幸运，但更是自己的努力，我拿到了一纸录取通知书。

回想我那时候的高考，与现在已有很多不同，那时候高考全国一张卷，录取比率也极低，只有5%，人们形象地称之为"千军万马过独木桥"，不像现在录取率能达到70%～80%，所以竞争之激烈是可想而知的。与现在不同的还有，那时的生活是十分艰苦的，伴随我在一中两年学习的几乎就是饥饿。看看现在大多数的孩子，无论是吃的穿的，还是住的，不知要比我们那时强多少倍。当然了，那时候，你只要考上了，你就有了未来。

手捧录取通知书，一切的苦与难，一切的努力，都值了。

如今是市场经济时代了，人们有了更多的生活选择，但不管做哪种选择，你都必须为此而付出努力，你才会有一个能让自己满意的未来，才不至于在未来回忆时感到曾经的自己是那样的懒惰与胸无大志，因而后悔不迭。

三十年过去了，高考于我而言，早已成了记忆与回忆。但那时曾经的努力，流汗流泪，却为自己赢得了未来，想想那时的努力，想想现在还算满意的生活，我感激那些曾经为我付出的人，但更感激曾经为此拼命付出的自己。